これだけは知っておきたい！
人事・労務のしごと
いちばん最初に読む本

特定社会保険労務士
土屋信彦 監修・著
アイ社会保険労務士法人 著

アニモ出版

はじめに

　「働き方改革」という言葉を日々見聞きするようになりました。国の最重要政策として掲げられ、今後、日本経済に大きな影響を与えるものとなる働き方改革には、時間外労働の削減、休暇の増加、多様な働き方、そして同一労働・同一賃金等が主要テーマに掲げられています。

　近年、大手広告代理店での過労による自殺事件が大きなニュースとして報道されましたが、その後も飲食店、大手メーカー等で同様の事件が後を絶ちません。

　こうした背景から、行政も過重労働撲滅、過労死ゼロという大旗をかかげ、臨検調査を続けています。2018年8月に厚生労働省が公表した長時間労働が疑われる事業場への臨検調査では、7割以上に労働基準関係法令違反があり、そのうちの半数近くが違法な時間外労働に関するものでした。

　一方、世界に目を向けると、日本は相変わらず「働き過ぎ」という批判を受けています。有休取得率も主要30か国中最下位という現状です。欧米では、テレワークやＡＢＷ（アクティビティ・ベースト・ワーキング）のような時間・場所の自由度の高いワークスタイルが進んでいます。

　ダラダラとした長時間労働をやめ、生産性の高い効率のよい仕事をしてワークライフバランスを充実させる——こうした「人生を楽しむための仕事」という価値観が日本にも広がるようになると、「働く」ことの意義が根底から見直されることになり、ブラック企業はおのずから消失していくことになるでしょう。

　働き方改革についても、「国の規制」というとらえ方から、「ポジティブな働き方」ととらえると、日本の労働に対する考え方が大きく変わるものと思います。

　そんな大きな変革期において、労働基準法はもとより、採用の場

面での職業安定法、入社後の労働安全衛生法、育児・介護休業法、男女雇用機会均等法、労働者派遣法、社会保険各法、個人情報保護法等々のように、人事・労務の分野にからむ法律は多岐にわたり、また法改正も頻繁に行なわれています。

　法律以外でも、人事評価制度、福利厚生制度、賃金制度、退職金制度、教育研修制度など、人事・労務部門には広い視野にもとづく情報力、企画力、分析力が必要な業務も含まれています。

　本書は、これらの情報をなるべく広く取り上げて、そのポイントをコンパクトにまとめて解説した本です。あえて法律用語にはない表現をしている箇所もありますが、最初にこの分野に携わる方や新人の社会保険労務士にとっても、「わかりやすく」を心がけた表現にしました。

　人事・労務のしごとは、会社と人とのあり方により、モチベーションを変化させ、会社の業績に影響を与える重要な部署であるといえます。その意味でも、この分野に携わる方にとって、最初に仕事の枠組みを理解し、基礎知識を修得していただくための最良の本となれば幸いです。

　最後に、この本の執筆にあたっては、弊法人スタッフをはじめ多くの関係する方々のご協力により書き上げることができ、感謝にたえません。また、本書の出版にあたりご尽力をいただいたアニモ出版編集部の小林様および関係各位に厚く御礼申し上げます。

2018年10月

アイ社会保険労務士法人代表
特定社会保険労務士　土屋　信彦

本書の内容は、2018年10月20日現在の法令・情報等にもとづいています。

これだけは知っておきたい！
人事・労務のしごと いちばん最初に読む本
もくじ

はじめに

1章 採用・内定に関する実務ポイント

01	求人活動のすすめ方	12
02	ハローワークで求人する際の注意点	14
03	面接時に聞いてよいこと・悪いこと	16
04	採用に関わる試験などにも工夫を	18
05	内定通知の実務ポイント	20
06	インターンシップ制度の活用	22
07	雇用形態にもいろいろある	24

知っトク！ 内定（採用）通知から入社まで　26

2章 これだけは知っておきたい 労働基準法の基礎知識

08	労働契約と試用期間のルールを知っておこう	28
09	年次有給休暇の運用のしかた	30

10	労働時間、休憩、休日に関するルール	32
11	変形労働時間制の活用のしかた	34
12	専門業務型裁量労働制とは	36
13	割増賃金について正しい知識を身につけよう	38
14	解雇法制と解雇規制の必須知識	40

知っトク！ 無期転換ルールとは　42

3章　社会保険に関する必須知識

15	健康保険①…医療保険制度のいろいろ	44
16	健康保険②…入・退社、扶養家族に関する手続き	46
17	健康保険③…給付金の種類	48
18	健康保険④…算定基礎届、月額変更届とは	50
19	厚生年金保険①…年金制度のしくみ	52
20	厚生年金保険②…会社が行なうべき年金の手続き	54
21	厚生年金保険③…公的年金制度のしくみ	56
22	雇用保険①…入社、退職時の手続き	58
23	雇用保険②…失業保険についての基礎知識	60
24	雇用保険③…雇用継続給付のポイント	62
25	労災保険①…業務災害と通勤災害のポイント	64
26	労災保険②…主な給付金の種類と手続き	66
27	労災保険③…労働者死傷病報告とは	68

知っトク！ iDeCo（イデコ）とは　70

4章 給与計算業務のしくみと実務ポイント

28	給与計算業務に入る前の準備	72
29	勤怠情報を整理する	74
30	社会保険料を控除するしくみ	76
31	所得税のしくみの基本	78
32	住民税のしくみの基本	80

知っトク！　賃金控除に関する協定書とは　82

 5章 就業規則や協定書の整備のしかた

33	就業規則は会社の憲法である！	84
34	休職制度の定め方と注意点	86
35	給与規程のつくり方と注意点	88
36	就業形態別の就業規則と付属規程の必要性	90
37	絶対に忘れてはならない36協定	92
38	36協定以外の労使協定とは	94

知っトク！　３６協定書は新様式に　96

6章 人事評価と研修のやり方と実務ポイント

| 39 | 人事評価制度の意義 | 98 |
| 40 | 人事評価制度と目標管理制度 | 100 |

41	組織の整備と職務権限のあり方	102
42	研修制度のいろいろ	104
43	社員研修はどのように行なうか	106

知っトク！ 人事評価におけるエラーとは　108

7章　リスク管理に欠かせない労務コンプライアンスの考え方

44	労働時間の管理のしかた	110
45	忘れてはならない未払い賃金対策	112
46	管理監督者の範囲を知っておこう	114
47	安全衛生管理体制の整備のしかた	116
48	退職・解雇に関するトラブル防止法	118

知っトク！ 副業・兼業の促進に関するガイドライン　120

8章　福利厚生制度のすすめ方

49	退職金制度にはどんなものがあるか	122
50	保養施設からカフェテリアプランへ	124
51	財形貯蓄制度のしくみと利用法	126
52	健康管理について知っておくべきこと	128
53	社員旅行、歓送迎会などの実施ポイント	130
54	新しい休暇制度も検討しよう	132

知っトク！ 産業医に対する機能強化　134

CONTENTS

9章 忘れてはならない個人情報管理とハラスメント対策

- 55 個人情報管理のポイント ———————— 136
- 56 マイナンバー管理のポイント ———————— 138
- 57 SNS対策は万全か ———————— 140
- 58 パワーハラスメント対策 ———————— 142
- 59 セクシャルハラスメント、
  マタニティハラスメント対策 ———————— 144

知っトク！ あかるい職場応援団　146

10章 働き方改革についてシッカリ理解しておこう

- 60 働き方改革関連法とは ———————— 148
- 61 時間外労働に上限規制 ———————— 150
- 62 年次有給休暇の取得を義務化 ———————— 152
- 63 月60時間超の残業の割増率 ———————— 154
- 64 同一労働・同一賃金とは ———————— 156
- 65 勤務間インターバル制度とは ———————— 158
- 66 高度プロフェッショナル制度の創設と、
  フレックスタイム制の見直し ———————— 160

知っトク！ 年休の半日取得と時間単位年休　162

11章 これからの人事政策と活用したい制度

67 厚生労働省によるさまざまな認証マーク ——— 164
68 活用できる助成金制度のいろいろ ——— 166
69 人手不足にどう対応するか～女性活用編 ——— 168
70 人手不足にどう対応するか
　　　～外国人・高齢者・障害者活用編 ——— 170
71 副業・兼業・テレワークの活用 ——— 172
72 ＩＴ・ＡＩの活用と人事制度 ——— 174
　　知っトク！ 兼業を行なう際の「壁」　176

さくいん　177

おわりに　181

カバーデザイン◎水野敬一
本文ＤＴＰ＆図版＆イラスト◎伊藤加寿美（一企画）

1章

採用・内定に関する実務ポイント

01 求人活動のすすめ方

求人媒体はいろいろある

　総務省の統計データによれば、生産年齢人口である15～64歳の人口は、2015年に約7,500万人であったものが、2030年には約6,800万人、2050年には約5,000万人にまで減少すると見込まれています。
　すでに、ほとんどの企業が労働力不足であるといわれながら、この傾向がさらに深刻になっていくことは明白です。その状況下で、採用活動をいかに展開していくかは、企業の存亡にかかわる最重要課題となっています。
　求人する際には、公的機関だけでなく、民間の求人媒体もフルに活用していく必要があるでしょう。
　求人の選択肢を以下に、コスト別に一覧にしてみたので検討してみてください。

【無料でできるもの】
- ハローワーク…すべての個人事業、法人が対象で、長期間にわたり掲載できます。
- 中核人材確保支援センター（旧人材銀行）…40歳以上で管理職・技術職・専門職の実務経験が3年以上あり、当該職種のフルタイム雇用を希望している人を対象とした専門施設です。
- 自社のホームページ…求人ページにて直接募集します。
- ＳＮＳの企業広告ページの活用…一定の年代や同じ嗜好傾向の層に向けターゲットを絞った求人をすることができます（一部、有料あり）。
- 学校訪問…新卒者をターゲットにして学校の就職相談担当者と密に連絡をとることができれば、継続した新卒者の募集が可能です。専門職であれば、専門学校へのアプローチも有効です。

- 自社の壁や窓への貼り紙…地元でのパート募集などには一定の効果があります。

【有料による求人媒体】
- 民間企業の求人雑誌…一般求人、パート・アルバイト向け、女性向け、肉体労働向け、地域密着型など、さまざまなターゲット層に向けたものがあります。
- インターネット活用による民間求人媒体…上記紙媒体の求人雑誌と同様に、さまざまなターゲット向けの媒体があります。飲食業、専門士業、エンジニア系、医療系など、業種を特化したものも多くみられます。一般的な求人掲載料としての手数料を徴収する媒体のほか、採用に結びついたのちに成功報酬として手数料を徴収する媒体もあります。
  求職者が自ら検索するサイトだけでなく、求人側の情報が求職者に積極的に提供されるものもあり、各求人媒体の特徴を理解して最適なものを選択すべきでしょう。
- 新聞求人…新聞への求人記事の掲載期間は短期です。肉体労働や土木系の求人が多いようですが、新聞媒体により職種の傾向は異なります。
- ラジオ、ＴＶ等のマスコミ…求人効果よりも宣伝広告効果を意図しているので、即効性はありませんが、広く周知することができます。

　2018年6月1日より、自ら適正運営をアピールし、自社メディアのブランド力向上を図る手段として、厚生労働省による「**求人情報提供ガイドライン適合メディア宣言**」の運用が開始されました。
　法に適合した求人掲載を行なう媒体として54社138メディアが掲載されています（2018年9月末現在）。

ハローワークで求人する際の注意点

労働条件の変更には要注意

　どの企業も一度は利用する「**ハローワーク求人**」ですが、一昔前の求人票と比べると、その内容はかなり詳細な記載を求められるようになっています。

　ハローワークの小冊子やホームページなどに掲載されている求人票の書き方やポイントに注意して、求職者にとって魅力のある求人票を公開しましょう。

　また、労働者の募集を行なう際の**労働条件の明示**等について、当初明示した労働条件が変更される場合は、「可能な限りすみやかに、変更内容について明示しなければならない」という職業安定法の改正が2018年1月から施行されているので注意が必要です。

ハローワークへの求人のしかた

　ハローワークを利用して求人するときは、まず会社管轄のハローワークで、「事業所登録シート」と「求人申込書」の用紙を入手します。

①**事業所登録シート**

　このシートには、事業所名、所在地だけでなく、事業内容や会社の特徴を記入します。

　「事業内容」欄には、事業の種類のほか、取り扱う商品や店の商号、ブランド品、顧客層、店舗数、最近の業績などもわかりやすく記入します。

　また、「会社の特徴」欄には、会社の経営方針、ビジョン、行動指針や社風、福利厚生制度など、会社のアピールポイントをなるべくわかりやすく記入します。

◎「求人申込書」の主な欄の記載例◎

【表面】

```
求人申込書  ※該当する申込内容について○で囲ってく  ※えんぴつにて記入してください
           （フルタイム）・パート・季節・出稼ぎ  【表面】
           ※裏面もあります。忘れずに記入ください。
           □に印をつける場合は、「|」のように「|」を記入してください。
                                                     受理日  [  ][  ][  ]
                                                              年  月  日
 [2][3][2][1][1]   求人区分1 □1フルタイム 2 □1沖縄 4自衛隊     紹介期限 [  ][  ][  ]
                           □2パート       □2津軽 5課著者訓練              年  月  日
                           □3季節         □3出稼ぎ
                           □4出稼ぎ

1欄 事業所番号 [1][2][3][4]-[5][6][7][8][9][0]-[1]  ふりがな  株式会社 職安商事   公開希望 [2]
                                                 事業所名

2欄 職種  派遣 請負  [一][般][事][務][  ][  ][  ][  ][  ][  ][  ][  ][  ][  ]
        □ ・ □
        派遣又は請負   [  ][  ][  ][  ][  ][  ][  ][  ][  ][  ][  ][  ][  ][  ]
        により、他の
        事業所で就業
        する場合は、
        チェックして
        ください

3欄 仕事の内容  総務課にて給与や社会保険の手続きを中心とし                         不問
              た事務を担当していただきます。                                     □
              （主な担当業務）              [パソコン操作（ワード、エクセルを使用し  不問
              ●給与計算、勤怠管理、社会保険関係の書類    て、定型フォームの入力ができること）]  □
               の作成および手続き
              ●データ入力、来客対応。パソコンはワード、  [普通自動車免許（ＡＴ限定可）]        不問
               エクセルのソフトを主に使用。                                      □

4欄 雇用形態  2正社員以外を選んだ場合の  雇  1雇用期間の定めなし  期間
            名称及び特記事項        用  2雇用期間の定めあり
```

【裏面】

```
           事業所       携帯メールアドレス  ○○××@hello.jp    ハローワークからの連絡  FAX  Eメール
           Eメール      なし                                  の際の連絡方法として      □  又は □
                                                            優先する方にチェック
                                                            してください。

20欄  求人条件にかかる特記事項                    備考                              21欄
     ●役所への手続きのため、軽自動車（AT車）      総務課は課長を含め3人です。各部署との円滑
      の運転業務があります。                    なコミュニケーションを図りながら、業務を進め
     ●面接時にパソコン入力テストを行ないます。    ます。

     ※ 外国人雇用実績 あり・なし （過去3年以内）
```

②求人申込書

　今回、求人をする職種や賃金、労働条件をなるべく詳細に記載します。書ききれない事項は、備考欄に記入しておきましょう。

　求人申込書のうち、表面の上部と裏面の下部の記載例を上にあげておいたので参考にしてください。ほかの箇所は、記載項目の指示どおりに記入すれば大丈夫です。

03 面接時に聞いてよいこと・悪いこと

業務に直接関係のないことは聞いてはいけない

　限られた時間のなかで、面接時にどんな質問をするかということは、選考の際の判断材料としては、とても重要なところです。筆記試験ではわからない適性やコミュニケーションスキル等を判断する重要な機会となります。

　注意しなければならないのは、業務を行なううえで直接関係のない家族構成や出身地、結婚の有無、趣味、宗教、政治信条などプライベートな部分を質問することです。

　職業安定法においても、「**必要な範囲外の求職者の個人情報を本人の同意なくして収集してはならない**」と定めています。

　また、「この業務は男性、この業務は女性」という先入観をもっていると、公平で適性に合った選考を行なうことができなくなってしまうため要注意です。

　選考の基準は、あくまでも応募者の職務に対する「適性」と「職務遂行に対する能力」を判断基準とするように心がけましょう。

聞いてよいこと・悪いことを整理しておく

　基本的な考え方として、本来自由であるべき思想的な内容や、もともと本人の努力ではどうにもならない境遇、環境について、面接で聞くことはタブーとされています。

　ただし、職務内容や職務経験を確認するために、本人の合意が得られれば、それまで勤務していた職場に連絡を取ることは可能とされています。

　会社にとって面接試験は、その人を採用するか否かの重要な接点となる場です。あらかじめ人事労務の部署で、質問してよいのか、

◎面接で聞いてもよいこととは？◎

面接時に聞いてよいこと

- いままでの職務経験や職務内容
- 前職からの転職理由
- 保有資格
- 前職における収入関係
- 業務を遂行するうえで必要な協調性、積極性などの適性
- 賞罰、犯罪歴…特に、確定した有罪判決のみで、相当な期間が経過しているものは申告義務がないとする判例があります。
- 健康情報（既往歴）…たとえば運転業務で、心臓発作やてんかん等の生命にかかわる病歴や直接業務に関連する等、合理的に必要とされるもので本人の了解を得て聞くよう配慮が必要。メンタル不全についても業務量が多くストレスが多い部署を避ける等、安全配慮の観点から理解を求める配慮が必要です。

面接時に聞いてはいけないこと

- 家族構成、家族に関すること（家族の職業、資産等）
- 結婚の有無、結婚の予定
- 出身地、本籍
- 支持政党、宗教、思想
- 身長、体重、スリーサイズ等
- 住宅（持ち家か貸家か、家の大きさ等）
- 尊敬する人物や人生観
- 労働運動や労働組合加入歴など
- 購読している新聞、雑誌など

聞いてはいけないのかということを整理しておき、スタッフ全員に周知しておく必要があるでしょう。

04 採用に関わる試験などにも工夫を

筆記試験や適性検査の実施

　新入社員の採用にあたっては、主に筆記試験や適性検査、面接などを経て合否を決めているのではないでしょうか。
　たとえば**筆記試験**では、学力や能力を測るもの、仕事に対する姿勢を問うもの、いままでの学生生活のなかで取り組んできてアピールしたいことなどを取り上げ、その記入方式は○×式やマークシート方式等の簡易なものから、論文記述方式などさまざまです。
　いずれにしろ筆記試験では、高度な学力を測るというよりも基礎的な学力を見るというところが多いようです。
　中堅企業以上では、ＳＰＩ（適性検査の１つ）などにより職業に対する適性や行動分析を測る方法を取り入れているケースも多くなりました。
　適性検査では、自社の社風に合っているかを確認しますが、採用後の配属先の適性を見るという意味合いもあるでしょう。適性検査については、その結果を受験者にフィードバックするために、フィードバック面談やキャリア面談という形のサービスとして実施し、応募学生等の受験者との接触機会を増やすという工夫も見られます。

ユニークな面接の実施

　「食事会式面接」という変わった**面接方法**を採用している会社があります。
　「食事をしながら」面接するのが特徴ですが、志望動機や業務知識などの一般的な質問に終始することなく、コミュニケーションスキルや仕事に対する意欲、将来性、相性等を日常的な会話のなかから観察する方法です。

通常の社内面接だと、どうしても緊張して本来の自分が表現できず、取りつくろった形式的な回答になってしまうため、こうした新しい面接方法への取組みは参考となります。
　上司と部下のコミュニケーションのやり取りという、模擬試験的な効果も得られることでしょう。

ITを活用した採用方法も

　株式会社カヤックという会社では、「エゴサーチ採用」という採用試験を取り入れています。
　これは、履歴書の代わりにGoogleの検索結果を利用した選抜方法を実施するもので、情報発信力や積極性を採用基準にしているものと思われます。
　具体的には、ふだんからＷｅｂで情報発信している人であれば、自分の名前やＳＮＳでの情報、ブログのタイトルなど、検索結果のトップに自分がくる検索ワードで応募するという方法です。
　まさにＩＴツールを活用した今日的な採用方法ですが、こうした情報は、付け焼刃的に短期で実績をあげることはむずかしいといえます。日常どのような活動をしているのか、どういう意識をもって社会にアプローチしているのか、まさに社会へのかかわりが日記風に手に取るように見えるので、応募者の特徴や人間性なども把握できることになるでしょう。

学力、知識よりも人物本位で採用する傾向に

　学生の就業体験として後述する**インターンシップ制度**（22ページ参照）も、新卒採用の一手段としてとらえる会社が増えており、活用範囲は中小企業にも広がっています。
　いずれにしても、採用試験は各社さまざまなアイデアを駆使しており、学力や職務経験だけでなく、人物本位で採用する傾向がうかがえるようになっています。

05 内定通知の実務ポイント

 採用内定には決められたスケジュールがある!?

　特に、新卒者に向けた採用活動は、人手不足の現代においては、もっとも重要な人事労務の仕事になります。

　例年、**採用内定**に関するスケジュールは、経団連加盟の大手企業の主導により決められています。

　たとえば、2019年のスケジュールは、次ページ図のようになっています。

　しかし、経団連に加盟していない会社では、このスケジュールよりも前に内定や内々定を出していることが多く、たとえば、選考が解禁される6月より以前に8割以上の会社が選考試験を開始し、6月時点では6割以上の会社が内定を出している、ともいわれています。

 内定取消しは自由にはできない

　「内定」の法的な意味合いについて触れておくと、判例では、「内定は、**始期付・解約権留保付労働契約である**」とする考え方が確立しています。

　正式な採用は4月（始期付）ですが、学校を卒業できない場合やその他やむを得ない事由により、内定が取り消されることもありうる（解約権留保付）労働契約である、というわけです。

　ただし、**内定取消し**については、会社が自由にできるわけではありません。

　社会的相当性や客観的合理性の理由が認められない内定取消しは無効となり、精神的損害を与えたことに対する損害賠償の対象にもなりうるので注意が必要です。

◎2019年新卒者にかかわる内定までの業務フロー◎

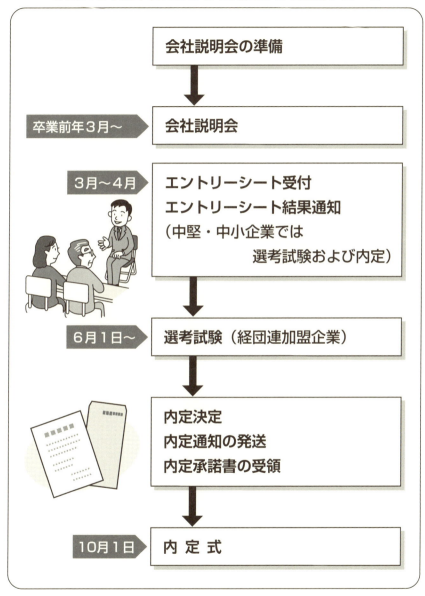

	会社説明会の準備
卒業前年3月〜	会社説明会
3月〜4月	エントリーシート受付 エントリーシート結果通知 （中堅・中小企業では 　　　　　選考試験および内定）
6月1日〜	選考試験（経団連加盟企業）
	内定決定 内定通知の発送 内定承諾書の受領
10月1日	内　定　式

　内定取消しは契約上、ほぼ解雇の妥当性の判断に近いものであると認識しなければなりません。

06 インターンシップ制度の活用

インターンシップ制度とは

「インターンシップ制度」とは、学生が会社で実際に職業体験ができる制度で、近年、大手企業を中心に利用する会社はかなり増えています。

その種類はさまざまですが、次のような方式があります。

> ①業界や企業の説明を行なう短期のイベント型
> ②参加者チームで課題について解決する課題解決ワーク型
> ③実際に会社のなかでアルバイトとして業務を行なう就業型

①短期のイベント型や②課題解決ワーク型は、就労するというよりも、イベント参加的な意味合いが強いので、「雇用」するわけではありません。そのため、賃金が発生するケースはほとんどありません。

それに対して③就業型は、社員の指示に応じて実際に業務を行なうため、会社と参加者には「雇用」関係が発生し、したがって賃金も発生することになります。

ケガをした場合に労災保険は適用される？

インターンシップ制度の参加者が、万一ケガをした場合、上記①や②による参加者は、そもそも見学や研修であるため、労災保険の適用はありません。しかし③による参加者は、労働者という立場になるため、労災保険が適用されます。

インターンシップ制度は、会社側にとっては時間が取られるうえに大きなコストもかかりますが、メリットも多く、若い労働力の採

◎インターンシップ制度のメリットとは◎

企業側のメリット

- トライアルとしてさまざまな学部・学科の学生の適性を測ることができる
- 有能な学生に採用のアプローチができる
- 教育研修のプログラムを新入社員に応用できる
- 会社のＰＲ活動になる
- 就業体験を通して社員の教育研修の実践の場となる
- 会社側として採用ミスマッチの防止に役立つ
- 社内が活性化する

学生側のメリット

- 就業体験ができるため就職活動の位置づけとして利用できる
- 職業知識、スキルを身につけることができる
- 就業を通して人脈が広がる
- 自分の適性を見つめ直すことができる
- 正規授業として就業しながら単位が取得できる場合がある
- 就業型の場合、報酬を得ることができる
- 自分のやりたいことや強みを発見することができる
- ビジネスマナーが実践で修得できる
- 会社のなかに入ることで、より個々の会社の理解度が深まる
- 未知の業界、業務を幅広く経験することができる
- 就職活動や本就職のミスマッチを防ぐことができる
- 入社選考時の面接で就業体験をアピールできる

用難という背景もあって、制度を活用する会社が増加しています。
　会社側と学生側のメリットを上図にまとめておきましたので、参考にしてください。

07 雇用形態にもいろいろある

 身分に応じた待遇を明確にしておく

　雇用形態には、さまざまな種類があります。

　派遣労働者のような特殊な形態以外では、法律上で定義されている雇用形態は少ないのですが、実際に、各会社で使われている区分については、人事労務担当者として十分に理解し、その待遇や業務内容は明確にしておく必要があります。

　なお、法律上、定義されているわけではないので、その内容について最終的には、「雇用契約書」や「就業規則」で個々に決定することになります。

【正社員】

　会社が定める所定の勤務時間を、フルタイムで勤務する従業員をいいます。原則として、長いキャリア形成を前提とするため、転勤や配置転換、出向などの人事異動があるのが一般的です。社会保険や退職金など会社の各種福利厚生は必ず適用されます。

【契約社員】

　有期雇用契約を締結して勤務する従業員のことをいい、一般的には正社員と同様にフルタイムで勤務するケースが多いです。雇用条件にもよりますが、賞与や退職金は支給されないケースも見られます。社会保険は、原則として加入対象です。

【嘱託社員】

　契約社員のなかの一形態、ととらえるとよいでしょう。本来「嘱託」とは、「ある業務を依頼する」ということなので、経験や技術を買って委嘱する社員をいいますが、近年は、定年後に再雇用する社員を指すことが多いです。社会保険は加入対象ですが、退職金は一般的には支給されません。

【パートタイマー】

この言葉のごとく、フルタイムの一部を勤務する従業員を指します。1日の勤務時間が短い者、勤務日数が正社員より少ない者などが該当しますが、いずれも区分としてはパートタイマーになります。例外的に「フルタイムパート」という区分もありますが、パートタイマーは正社員とは異なり、人事異動の対象外であったり、役職を担わないことが多いです。一般的には、時給制で勤務します。勤務時間に応じて社会保険の加入の有無が決まります。賞与や退職金は、支給されないケースが多いです。

【アルバイト】

パートタイマーと混同しているケースもありますが、アルバイトとは「**臨時雇用者**」を指します。学生が、夏休みなどに短期で勤務する場合、会社の繁忙期に一時的に雇用する場合などが、これにあたります。一般的には、時給制です。

【派遣労働者】

労働者派遣法によって定義された労働者で、一定の業務に従事する労働者が不足している会社に対して、厚生労働省の許可を受けた派遣元会社から労働者を派遣してもらう形態です。法にもとづいたさまざまな規制があります。雇用契約は派遣元との間で締結することになっているので、賃金は派遣元から支給され、社会保険も派遣元で加入することになります。

【限定正社員】

近年、増加している雇用形態です。「限定」となるものが労働時間、地域、職種などであるのかによっていくつか種類があります。「労働時間」における限定では、勤務時間はフルタイムではありませんが、それ以外は正社員とほぼ同条件で雇用されます。「地域」における限定では、地域限定正社員とも呼ばれるように、転勤がないという条件で働く正社員です。「職種」における限定では、一定の特殊技能をもった専門職のように、職種が生涯変わらない正社員です。いずれも正社員に転換できる制度があることが一般的です。

内定（採用）通知から入社まで

　就職応募者のなかから採用する人が決定した際の、簡単な手続きの流れは下図のようになります。

　一般的には、「**内定通知**」も「**採用通知**」も同義として扱われています。

　内定（採用）通知は、法的には交付が義務づけられた書類ではありませんが、お互いの意思を確認するためにも、文書で確実に交付しましょう。

　また、最終的には入社時に「**雇用契約書**」（または「**労働条件通知書**」）により、詳細な労働条件について文書にしたものを交付しなければなりませんが、内定通知書を送る際にあわせて労働条件を通知するほうがトラブルの防止に役立ちます。

内定（採用）決定

「内定（採用）通知書」を送付

＋以下の書類を同封

- 入社承諾書（返信してもらう）
- その他、入社までの準備書類、スケジュール等案内
  （労働条件通知書もこのタイミングで送付するのがベター）

正式入社 下記書類を交付

- 雇用契約書（労働条件通知書）
- 誓約書、身元保証書など

2章

これだけは知っておきたい
労働基準法の基礎知識

- 労働契約
- 有給休暇
- 労働時間
- 割増賃金
- 解雇

08 労働契約と試用期間のルールを知っておこう

労働基準法と労働契約法

　雇用関係を成立させるには、「**労働契約**」を締結しなければなりません。契約なので基本的には民法が適用されますが、それを補完するものとして「**労働基準法**」（以下「労基法」）があります。

　また、判例のなかで積み上がったものを「**労働契約法**」として制定し、労働契約に関する細かなルールが定められています。

　本来、契約とは互いに対等な立場で締結すべきものですが、労働契約の場合はどうしても会社側の立場が強くなりがちなので、労働契約法では、労働者を保護するために「**労使契約は対等な立場における合意で締結すべきもの**」として改めて明示しています。

労働契約書と労働条件通知書

　会社は雇入れ時に労働条件を書面にて明示しなければならない、つまり「**労働条件通知書**」を発行しなければならない、と労基法で定められています。

　労働契約書と労働条件通知書は必ずしも同一のものではありませんが、労働契約書に一定の記載事項を盛り込めば、労働条件通知書としての役割を果たすことになります。書面で記載すべき事項と口頭での明示でもよいとされる事項は、次ページ図のとおりです。

　これらが規定された**就業規則**を本人に交付すれば、書面として労働条件を通知する必要はありませんが、個別に定める賃金は就業規則に明示できないため、労働契約書または労働条件通知書で補完することになるのです。逆に、これらの書面では服務規律や懲戒事項など会社のルールをすべて記載するのはむずかしいので、就業規則を交付または周知することで記載を省略することができます。

◎労働契約書に明示する事項◎

書面による明示事項

①労働契約の期間　　②就業の場所・従事する業務の内容
③始業・終業時刻、所定労働時間を超える労働の有無、休憩時間、休日、休暇、交代制勤務をさせる場合は就業時転換に関する事項
④賃金の決定・計算・支払いの方法、賃金の締切り・支払いの時期に関する事項　　⑤退職に関する事項（解雇の事由を含む）

口頭の明示でもよい事項

①昇給に関する事項
②退職手当の定めが適用される労働者の範囲、退職手当の決定、計算・支払いの方法、支払いの時期に関する事項
③臨時に支払われる賃金・賞与などに関する事項
④労働者に負担させる食費・作業用品その他に関する事項
⑤安全衛生に関する事項　　⑥職業訓練に関する事項
⑦災害補償、業務外の傷病扶助に関する事項
⑧表彰、制裁（懲戒）に関する事項　　⑨休職に関する事項

 試用期間を定めるときのルール

　多くの会社では、労働契約の際に「**試用期間**」を定めていますが、期間についての明確な定めはないので、3か月あるいは6か月が妥当な期間かと思われます。

　試用期間中に適性を見極めた結果、不適合と判断した場合は、本採用を見送る、つまり「解雇する」という定めを設けることがありますが、実際に解雇が可能か否かというのは別問題です。

　試用期間は、法律的には「**解約権留保付き労働契約**」期間とされているので、通常の社員を解雇する場合よりハードルは低いとされていますが、解雇そのもののハードルが高いので、あまり差はありません。本採用を見送りたいという場合は、教育指導や注意指導の記録を書面にて残しておくべきでしょう。

09 年次有給休暇の運用のしかた

年次有給休暇とは

「年次有給休暇」（以下「年休」）は法律上、労働者に認められた権利であり、給料を減らされることなく好きなときにどんな理由であっても会社を休むことができるという制度です。

入社から6か月が経過し、出勤率が8割以上であれば、年休が与えられます。もちろん、アルバイトやパートにも付与されます。

ただし、パートなど時給者の場合、働いた分だけ給料をもらえることになっているので、年休を取得した場合は、基本的にはその日に労働したであろう時間分の給料がもらえます。

シフト制などにより日々の労働時間がまちまちの場合は、直近3か月の平均賃金か、社会保険の標準報酬月額相当額を使って計算します。ただしパートの場合、必ずしも社会保険に加入しているとは限りませんし、平均賃金も年休取得のたびに計算し直さなければならないので、実務的には面倒です。あらかじめ就業規則で計算方法を定めておいたほうがよいでしょう。

会社には時季変更権がある

年休は、労働者の好きなときに取得できますが、会社には「**時季変更権**」というものが認められています。年休を取ることで事業の正常な運営を妨げてしまう場合には、会社は年休取得日を変更する権利があるのです。ただし、あくまでも変更であって、年休の取得そのものを拒否することはできません。

また、当日に年休を申請されると、時季変更権を行使する猶予がなく、会社も困ってしまいます。そこで、あらかじめ「3日前までに上長に申請書を提出する」など年休の手続きに関するルールにつ

◎法定の年休付与日数（週5日以上勤務の場合）◎

勤続期間	6か月	1年6か月	2年6か月	3年6か月	4年6か月	5年6か月	6年6か月以上
付与日数	10日	11日	12日	14日	16日	18日	20日

いて就業規則に織り込んでおくべきでしょう。

 年休に関する留意点は

　入社から半年経過後に初めて年休が付与され、以後はその日を基準に1年おきに年休の権利が発生します。社員の入社日がバラバラの場合、年休付与日の管理は煩雑です。そこで、それを避けるために「**一斉付与**」と呼ばれる方法があります。年休付与の基準日を会社で指定し、その基準日に全社員に一斉に付与する方法です。

　基準日直後の中途入社者の場合、入社後すぐに年休が発生してしまうこともありますが、会社からすれば、年休付与と消滅の管理が簡便になるのでぜひ活用したいところです。

　年休は法律上、最大で2年間、権利を行使することができます。たとえば、2018年10月1日に10日付与された年休は、2020年9月30日まで利用できます。

　なお、2017年の民法改正により消滅時効が5年に整理されたことに伴い、年休の時効も5年に統一しようという動きがあります。その場合、理論上は年休を最大で100日プールすることが可能になってしまいます。働き方改革関連法により2019年4月以降は年休取得が義務化されましたが（152ページ参照）、会社としては計画的に年休を消化させる努力をしなければなりません。

　仮に、年休をまったく消化しない従業員がいる場合は、「**計画的付与**」という方法で解決できます。これは、労使合意の協定を結ぶことで、会社指定日を年休の消化日とすることができるものです。年休の取得義務化に対する有効な手段といえるでしょう。

10 労働時間、休憩、休日に関するルール

 法定労働時間と所定労働時間

　労働基準法では、1日の労働時間は8時間までと決められています。また、1週間については40時間（特例措置対象事業場は44時間）が上限です。これを「**法定労働時間**」といいますが、仮に休憩が1時間とすると、始業9時～終業17時の会社の労働時間は7時間ということになります。この7時間は、会社が定めた1日の労働時間であり、「**所定労働時間**」といいます。

　つまり、法定労働時間は法律上定められた労働時間の上限であり、所定労働時間は会社が法律の範囲内で定めた労働時間のことです。

　昨今、長時間労働が社会問題になっていますが、法律上1日8時間までしか働けないのに、なぜ長時間労働が可能なのかというと、労使間で「**３６協定**」（92ページ参照）を結ぶことができるからです。この労使協定を締結すれば、法律上の上限を超えて働かせることができます。逆にいえば、この協定を結んでいないと、法定労働時間を超えて時間外労働をさせてはいけないことになります。

 労働時間に含まれるもの・含まれないもの

　では、そもそも労働時間とは何を指すのでしょうか？　当然、働いている時間は労働時間ですが、たとえば通勤時間や本社から営業所までの移動時間、始業時刻までの準備作業、業務中の手待ち時間…、などは労働時間に含まれるのでしょうか？

　労働時間については、具体的に法律で定義づけられてはいません。判例から一般的に「**使用者の指揮命令下に置かれている時間**」が労働時間とされています。

　したがって、個別のケースごとに判断することになりますが、た

とえば**通勤時間**は、途中に飲食店に立ち寄ろうが、どんな経路を使おうが、労働者の自由であり、会社の支配下にある時間ではないので労働時間には当たりません。

事業所間の移動時間については、著しく時間がかかるようだと会社から制裁を受けることもありますので、会社の指揮命令下に置かれている時間といえます。

始業前の準備作業に要する時間は、たとえば制服に着替えるなど業務に不可欠なものであれば労働時間に該当します。

お客様を待っているなどの**手待ち時間**も、労働から解放されているわけではないので、労働時間に含まれます。

出張の際の移動時間は、原則として労働時間にはなりません。ただし、物品の監視や運搬などが伴う場合には労働時間となります。

労働時間に当たるか否かはケースバイケースですが、使用者の指揮命令下にあるか否かが判断基準となります。

休憩時間と休日のルール

労基法では、「**休憩時間**」は、労働時間が6時間を超え8時間以下の場合は45分以上、8時間を超える場合は1時間以上与えなければならない、としています。「指揮命令下に置かれている時間」は労働時間になるので、たとえば昼休みに電話番の待機をしていたり、緊急時には出動が必要な仮眠時間は休憩時間にはなりません。

「**休日**」は法律上、**週に1日以上または4週に4日以上**与えなければなりません。これを「**法定休日**」といい、法律上は原則として週に1日の休日でよいのです。

ただし、週に2日は休みがないと週40時間の法定労働時間を超えてしまうケースがあります。したがって、多くの会社では週休2日制を採用しています。週休2日であれば、そのいずれかは会社が指定した「**所定休日**」ということになります。

いわゆる休日出勤とは、法定休日に出勤することを指し、所定休日に出勤した場合は、時間外労働として取り扱われます。

11 変形労働時間制の活用のしかた

変形労働時間制とは

　労働時間の原則は1日8時間、週40時間ですが、一部の業種ではこの原則のままだと仕事をこなすのがむずかしい場合があります。たとえば宿泊業の場合、季節の行事やイベントのある時期と通常の平日では、業務量に大きく開きがあります。

　このように繁忙期と閑散期の激しい業種には、一律に法定労働時間を適用するのは合理的でない場合があります。こうした問題を解消するのが「**変形労働時間制**」です。

　これにより、繁忙期には原則の法定労働時間を超えて働いてもらい、逆に閑散期は通常の労働時間よりも短い時間を所定労働時間と設定することができます。そうすれば、法定労働時間にしばられることなく、またムダな割増賃金も発生しません。

変形労働時間制の種類

　変形労働時間制には、①1か月単位の変形労働時間制、②1年単位の変形労働時間制、③フレックスタイム制、④1週間単位の非定型的変形労働時間制の4種類があります。④は零細小売業等の限定的な制度であるので、ここでは①、②、③について説明を加えておきましょう。

　1か月単位の変形労働時間制は、1か月以内の期間を平均して、1週間当たりの労働時間が法定の40時間以内となるように、**特定の日・週の労働時間を設定**することができる制度です。

　たとえば、31日の月であれば1週間の労働時間が40時間になる月の総労働時間は177.1時間（31日÷7日×40時間）です。最終的に月の総労働時間がこの時間を超えなければ、法定労働時間の1日8

時間、週40時間を超えた労働時間を設定できます。
　ただし、事前に就業規則に定めを記載しておくか、労使協定を締結し労働基準監督署に提出しなければなりません。また、その場合は、対象労働者の範囲、対象期間と起算日、労働日および労働日ごとの労働時間、労使協定の有効期間を定めなければなりません。
　１年単位の変形労働時間制は、１か月単位の変形労働時間制の対象期間が１年に延びたものです。ただし、１か月単位では就業規則の定めがあればそれで足りましたが、１年単位だと**労使協定の締結と届出が必須**です。さらに以下について留意する必要があります。
①１日10時間、週52時間を超えた労働時間は設定できない
②所定労働時間が週48時間を超える場合、それが連続して３週以内であること（対象期間が３か月を超える場合）
③３か月ごとに区分した各期間における所定労働時間が48時間を超える週は３回以下であること（対象期間が３か月を超える場合）
④連続して労働させられる所定労働日数は６日を限度とすること
⑤特に業務の忙しい期間は特定期間として上記の連続して労働させることのできる限度を超えて労働させることができるが、１週１日の休日が確保できる日数であること（連続勤務12日まで）
⑥対象期間が３か月を超える場合、所定労働日数の限度は１年当たり280日であること
　これらすべての条件をクリアしたうえで、平均して１週間当たり40時間以内、つまり年間の総労働時間が2,085時間以内（うるう年の場合は2,091時間以内）に設定できれば運用できます。

　フレックスタイム制は、１か月以内の清算期間中の総労働時間を定めて、その枠のなかで労働者が自由に各労働日の労働時間を決定できる制度です。すべてを労働者の自主性に任せることも可能ですが、**コアタイム**を定めることもできます。これは、１日のうち必ず出勤していなければならない時間帯を指します。
　こちらも就業規則と労使協定の締結が不可欠です。

12 専門業務型裁量労働制とは

利用できる業種が限定されている

　「専門業務型裁量労働制」とは、業務の性質上、業務遂行の手段や方法、時間配分等を大幅に労働者の裁量にゆだねる必要がある業務として、厚生労働省令および厚生労働大臣の告示によって定められた業務のなかから、対象となる業務を労使で定め、労働者を実際にその業務に就かせた場合、労使であらかじめ定めた時間を働いたものとみなす制度です。

　したがって、対象業務は次ページ図の業務に限られ、導入に当たっては**労使協定を締結し**、**労働基準監督署に届出**をしなければなりません。

　裁量労働制が導入されれば、労働者は出退社時刻の制限を受けずに、実際の労働時間にかかわらず、労働時間はあらかじめ労使で決めた時間とみなされます。たとえば、1日の労働時間を所定8時間、時間外労働2時間の計10時間と定めた場合、実際には5時間しか働いていない、あるいは12時間働いたという場合でも、その日の労働時間は10時間とみなします。

　裁量労働制の場合、労働時間に応じた報酬ではなく、労働の成果、質に対して報酬を支払うという考え方であるため、実労働時間にかかわらず労働時間は一律「**みなし労働時間**」となります。ただし、深夜労働や休日出勤については、割増賃金の支払いが必要です。

　残業代抑制の方法として利用されることもありますが、本来の趣旨とは異なります。みなし労働時間といっても、実際の労働時間と乖離があってはいけません。労使協定も3年以内に一度見直すことが望ましいとされ、実労働時間とみなし労働時間に乖離があれば、修正して協定書を提出しなおすことが求められます。

◎裁量労働制が認められている職種一覧◎

①新商品もしくは新技術の研究開発または人文科学もしくは自然科学に関する研究の業務

②情報処理システムの分析または設計の業務

③新聞もしくは出版の事業における記事の取材もしくは編集の業務または放送番組の制作のための取材もしくは編集の業務

④衣服、室内装飾、工業製品、広告等の新たなデザインの考案の業務

⑤放送番組、映画等の制作の事業におけるプロデューサーまたはディレクターの業務

⑥広告、宣伝等における商品等の内容、特長等に係る文章の案の考案の業務（いわゆるコピーライターの業務）

⑦事業運営において情報処理システムを活用するための問題点の把握またはそれを活用するための方法に関する考案もしくは助言の業務（いわゆるシステムコンサルタントの業務）

⑧建築物内における照明器具、家具等の配置に関する考案、表現または助言の業務（いわゆるインテリアコーディネーターの業務）

⑨ゲーム用ソフトウェアの創作の業務

⑩有価証券市場における相場等の動向または有価証券の価値等の分析、評価またはこれにもとづく投資に関する助言の業務（いわゆる証券アナリストの業務）

⑪金融工学等の知識を用いて行なう金融商品の開発の業務

⑫大学における教授研究の業務（主として研究に従事するものに限る）

⑬公認会計士の業務

⑭弁護士の業務

⑮建築士（一級建築士、二級建築士および木造建築士）の業務

⑯不動産鑑定士の業務

⑰弁理士の業務

⑱税理士の業務

⑲中小企業診断士の業務

13 割増賃金について正しい知識を身につけよう

 割増賃金のルールとは

「割増賃金」（残業代）の計算方法については、会社によって異なると思いますが、基本的な計算式は「**時給単価×割増率×残業時間（時間外労働時間）**」です。

給料が時給制の場合は当然、その時給額が割増賃金計算の基礎単価となりますが、月給制の場合は「（基本給＋諸手当）÷月の平均所定労働時間」の計算式で時給単価を求めなければなりません。つまり、給与額を月の労働時間で割るわけです。ただし法律上、次にあげる手当は計算に含めなくてもよいとされています。

①家族手当　②通勤手当　③別居手当　④子女教育手当
⑤住宅手当　⑥臨時に支払われた賃金
⑦１か月を超える期間ごとに支払われる賃金

月の平均所定労働時間は、１年365日（または366日）から会社で定められた年間休日数を除いた日数に、１日の所定労働時間を乗じ、それを12か月で割れば求められます。一般的には、この方法で時給単価を求め、そこに割増率を乗じることで１時間当たりの時間外労働単価を算出します。

割増率は、法律で25％以上と定められています。割増率を30％と設定している会社もあるかもしれませんが、どのような場合であっても25％を下回ってはいけません。

なお、大企業では時間外労働が**月60時間を超えた場合の割増率は50％**です。適用が猶予されていた中小企業も、2023年４月から適用されることになりました。

残業時間は法定労働時間を超えているか

　実は、時間外労働は2つに分けて考えることができます。「**所定外時間外労働**」と「**法定外時間外労働**」です。割増賃金の支払いが必要なのは、法定労働時間を超えて労働した場合です。

　たとえば、会社によっては1日の所定労働時間が6時間とか7時間というところもあるでしょう。

　その場合、会社の所定労働時間を超えた分の労働時間については、所定外としての残業代（通常の1時間当たりの給与額）を支払わなければなりませんが、**法定労働時間を超えない限り割増賃金を支払う必要はありません**。

　法律上求められている時間外労働の割増賃金とは、法定労働時間を超えた労働時間についてのみ適用されるのです。もちろん、会社によっては所定労働時間を超えた時間外労働についても割増賃金を支払うこともありますが、法律上はそこまで求められていません。

 ### 深夜労働、休日労働に対する割増賃金

　割増賃金は、「深夜労働」と「休日労働」にも適用されます。

　深夜労働とは、午後10時から翌午前5時までの間にした労働を指しますが、**割増率は25％**です。

　深夜労働については、管理監督者にも割増賃金を支払わなければなりません。また、裁量労働制とされている場合であっても、実際に午後10時以降に勤務があれば割増賃金の支払いが必要です。法定労働時間を超えて深夜労働もすれば、割増率は50％になります。

　休日労働の割増率は35％です。前述したように、ここでいう休日とは法定休日を指します。つまり、土日が休みの会社の場合、土曜に出勤すれば休日出勤ですが、日曜が法定休日であれば、土曜は法定休日ではないので35％の割増としなくても大丈夫です。

　ただし、土曜の出勤が週40時間の法定労働時間を超える時間外労働に当たれば、25％の割増賃金の支払いが必要になります。

14 解雇法制と解雇規制の必須知識

 法律にのっとった解雇手続きとは

「**解雇**」とは、会社側が"一方的に"労働者との労働契約を解消することです。労働者がそれを拒否しても、会社の一方的な意思表示なので、免れることはできません。労働者側からすると、生活の糧となる仕事を自分の意思とは関係なく失うので、たまったものではありません。そこで、解雇については法律で規制し、解雇手続きについても法律で定められています。

たとえば、問題社員だからといって、ただちに解雇することはできません。法律で定められた手続きとは、**解雇は少なくとも30日前に予告する必要があり、これができない場合は30日分以上の平均賃金を解雇予告手当として支払う**というものです。

これらを組み合わせることも可能で、仮に解雇予告を15日前に行なった場合は、15日分以上の解雇予告の支払いをもって解雇とすることができます。

平均賃金は、月給、時給等の支払い方法によって計算方法が異なりますが、直近3か月の給与額を平均して算出される1日当たりの賃金額です。

解雇予告手当は、30日前の予告がない場合は支払いが必須ですが、①天災事変その他やむを得ない事由のために事業の継続が不可能となった場合、②労働者の責めに帰すべき事由にもとづいて解雇する場合は、労働基準監督署に「解雇予告除外認定申請」を行なって認定されれば、解雇予告手当の支払いは免れます。

労働者の責めに帰すべき事由とは、横領や傷害等の刑法犯に該当する場合や催促に応じず2週間以上無断欠勤した場合など、労働者側に悪質性があるとされる事由です。また、入社14日以内の者につ

いては、解雇予告や予告手当を支払うことなく解雇することができます（ただし、その解雇が妥当かどうかは別問題です）。

解雇できない期間も法律で定められており、業務上の負傷・疾病の療養休業期間とその後30日間、産前産後の休業期間とその後30日間は解雇制限期間となります。また、労働基準監督署への申告・通報を理由とした解雇、国籍・信条等を理由とした解雇、組合活動を理由とした解雇、性別を理由とした解雇、産休、育休・介護休業を理由とする解雇、公益通報を理由とする解雇も禁じられています。

 普通解雇、懲戒解雇、整理解雇

解雇は、上記の３つのパターンに分かれますが、まず**普通解雇**は、就業規則の解雇規定にのっとって行なわれる解雇で、多くの場合これに当たります。30日前の解雇予告や解雇予告手当の支払いの手続きを踏めば解雇できますが、解雇に当たっては「**解雇権濫用法理**」について検討しなければなりません。

これは、客観的に合理的な理由があり、社会通念上相当なものでない限り解雇権の濫用として無効とする、というルールです。

懲戒解雇もおおむね普通解雇と同じですが、解雇理由として会社による制裁という意味合いがあり、この点につき普通解雇と異なります。就業規則に規定された懲戒処分としての解雇であるため、会社側から退職金が支払われなかったり、労働者の責めに帰すべき事由により解雇予告手当が支払われないことがあります。

この場合も、労働者の責めに帰すべき事由に対して懲戒解雇は重すぎないか、処分は妥当なのかについて判断が必要です。

整理解雇は、会社経営が厳しくなったことで、人員削減のために行なわれる解雇で、いわゆるリストラです。整理解雇を行なうには、①人員削減の必要性、②解雇回避努力を果たしたか、③解雇対象者選定の合理性、④解雇手続きの合理性、の４つの要件をクリアしなければなりません。整理解雇は、労働者には落ち度がないので、よほど必要に迫られた場合でないと妥当なものとはいえません。

無期転換ルールとは

「無期転換ルール」とは、平成24年8月に成立した「改正労働契約法」(平成25年(2013年)4月1日施行)により、対応が必要になった雇用に関する新たなルールのことです。

このルールは、有期労働契約が複数回更新され、通算5年を超えたときには、有期契約労働者(以下「有期社員」)に対して「**無期転換申込権**」が与えられるというものです。つまり、条件を満たした有期社員が会社に申し出をすれば、会社は、その社員を有期から無期雇用に転換しなければならないというルールです。

会社側にとって有期契約は、限定的に社員を雇用できますし、業績不振等で社員数を減らさなければならない場合に調整しやすい雇用契約ですが、有期社員にとっては不安定な雇用といえます。

にもかかわらず、実際には有期契約は名ばかりの契約で、正社員同様の仕事内容であったり、契約更新も形骸化している会社が多くあります。

そうした現状を踏まえ、雇用の不安定な有期社員を期間の定めのない無期契約に転換しようという目的でこのルールができました。

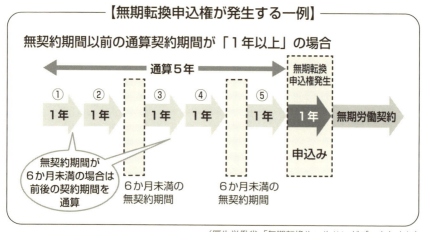

(厚生労働省「無期転換ルールハンドブック」より)

3章

社会保険に関する必須知識

健康保険

医療保険

厚生年金保険

雇用保険

労災保険

15 健康保険①
医療保険制度のいろいろ

 日本の会社員の健康保険制度

　アメリカでは、民間の保険に入らない限り、医療費は全額自己負担です。そのため、ただの軽い風邪であっても、民間保険に入っていなければ高額な治療費を請求されてしまいます（その解消をめざしたのがオバマ大統領でした）。

　では、日本ではどうかというと、軽い風邪のためにわざわざ民間の医療保険に加入する人はいないでしょう。かといって、病院にかかっても驚くような治療費を請求されることはありません。

　それは**国民皆保険制度**のもと、文字どおり国民は皆、何かしらの**公的医療保険制度**に加入しているからです。これによってすべての国民は自分の健康保険証を所持し、医療機関に提示することで治療費の3割またはそれ未満の自己負担額で治療を受けることができます。もちろん、そのためには健康保険料の支払いが必須ですが。

　一般的な会社員とその家族は、社会保険としての「**健康保険**」に加入することになります。保険料は、月額給与によって決定されますが、負担は会社と折半、場合によっては会社が多く負担することになるため、本人が負担する保険料は半分以下の額です。また、家族の分の保険料が発生することはありません。

　この制度により、病院では基本的に3割の自己負担ですみますし、出産時（出産手当金）や会社を病気等で休んだ際の休業補償（傷病手当金）など、健康保険でカバーしてくれる給付金もあります。

　こうした保険料徴収や保険給付等を行なう運営者は、大きく2つに分けられます。1つは全国健康保険協会が管掌するいわゆる「**協会けんぽ**」で、もう1つは大手企業や同業種の複数の企業が設立する組合管掌健康保険、いわゆる「**組合健保**」です。

協会けんぽの保険料率は現在、全国平均で1,000分の100となっており、各都道府県の医療費負担ごとに料率が定められています。

一方、組合健保は組合ごとに一定の範囲内で独自に保険料率を定めています。保険給付についても組合ごとに独自給付があり、一般的には協会けんぽよりも給付が手厚く、保険料負担も少ないとされています。

 一般の会社員以外は国民健康保険制度などを利用

個人の自営業の場合は、原則として「健康保険」ではなく「**国民健康保険**」に加入することになります。

国民健康保険の場合、運営は原則として市区町村が行ないます。保険料や給付内容も、健康保険とは異なります。

保険料は、前年度の所得をもとに算出されますが、計算式のなかの一部係数が市区町村ごとに異なるので、住む地域によって保険料は異なります。

また、健康保険と異なり、家族の分も保険料が発生します。健康保険にある出産手当金や傷病手当金のような休業補償としての給付金もありません。

同種・同業の自営業者のみが加入できる**国民健康保険組合**（土建国保、税理士国保など）という組織もありますが、保険料や給付内容は国保組合ごとに異なります。

そのほか、公務員は「**共済組合**」、船員は「**船員組合**」、75歳以上の後期高齢者は「**後期高齢者医療制度**」に加入することになります。後期高齢者医療制度は、通常の健康保険からは独立しているため、75歳になるとそれまで加入していた健康保険、国民健康保険を脱退し、後期高齢者医療制度に加入することになります。

このように、職域や地域、年齢によって加入する医療保険の制度は異なりますが、すべての人がいずれかの医療保険制度に加入することになります。本書では、全国健康保険協会の制度をもとに健康保険について解説していきます。

16 健康保険②
入・退社、扶養家族に関する手続き

 社会保険に関する加入手続き

　広義の**社会保険**といえば、健康保険、介護保険、厚生年金保険、雇用保険、労災保険のすべての公的保険を指しますが、通常、社会保険とは健康保険、介護保険、厚生年金保険を指すことが一般的です。これらの保険は別個に手続きするのではなく、原則として一体的に手続きします。そのため、健康保険に加入する者は、厚生年金保険にも自動的に加入することになります。

　新しく社員が入社した場合、社会保険の加入手続きは会社が行ないます。ちなみに介護保険については、健康保険に加入する者のうち40歳以上の者が加入対象で、特別な手続きは要せず、該当すれば自動的に加入となります（別途、介護保険料が徴収されます）。

　社会保険は「正社員」は強制的に加入対象者となりますが、すべての従業員が社会保険の加入対象者となるわけではありません。正社員以外の社会保険加入対象者については以下のとおりです。

【常時従業員が500人以下の中小企業の場合】
　週の所定労働時間および月の所定労働日数が正社員と比べて4分の3以上ある従業員（おおむね週30時間以上、月16日以上の勤務）

【常時従業員が501人以上の大企業の場合】
　次の①〜④のすべてに該当する従業員
①週の所定労働時間が20時間以上であること
②雇用期間が1年以上あることが見込まれること
③賃金の月額が8.8万円以上あること
④学生でないこと

　上記の加入対象者（「**被保険者**」といいます）は、会社が入社時に**被保険者資格取得手続き**を行ないます。基礎年金番号等の必要事

項を記入して、年金事務所に届け出るか電子申請にて手続きします。

注意すべき点は、加入手続きは**資格取得日（入社日）から5日以内**に行なうことと、保険料算出のもととなる**報酬月額は残業代を見込んで記入**することです。

 扶養家族に関する手続き

従業員本人に扶養家族がいる場合は資格取得手続きと同時に、**被扶養者異動届**を提出します。社会保険で扶養家族となれるのは、配偶者、子・孫・および兄弟姉妹、父母・祖父母であり、さらに同居していることを条件に伯叔父母、甥姪とその配偶者など3親等以内の親族で、内縁関係の配偶者の父母および子も含まれます。

そのうち被扶養者の認定を得るには、保険加入者から生計を維持されており、年間収入が130万円未満（60歳以上または障害者の場合は180万円未満）かつ、同居の場合は保険加入者の収入の半分未満、別居の場合は保険加入者の仕送り額未満でなければなりません。

配偶者が被扶養者となる場合、同時に**国民年金の第3号被保険者**となります。これは、保険加入者が厚生年金保険料を納めることで、その配偶者は自身の国民年金保険料を負担することなく国民年金に加入できるというものです。

 退職するときの手続き

社員が退職する場合は、**被保険者資格喪失手続き**を行ないます。注意すべき点は、**資格喪失日は退職日の翌日**ということです。たとえば11月30日に退職した場合、資格喪失日は12月1日です。社会保険料は、資格喪失日が属する月の前月分まで徴収します。

したがって、11月30日に退職した場合は11月分の社会保険料まで徴収することになります。一方、11月29日に退職した場合の資格喪失日は11月30日なので、前月の10月分までの社会保険料を徴収し、11月分は徴収しません。退職日が月末か月の途中かで、徴収する社会保険料は異なるので注意が必要です。

17 健康保険③ 給付金の種類

健康保険からの給付金はいろいろある

　健康保険の被保険者は、業務以外の事由により病気やケガをした場合、3割の自己負担額で治療を受けることができます。業務中や通勤途中のケガの場合は、健康保険を使うことはできませんが、労働者災害補償保険（＝労災保険。64ページ参照）でカバーされます。
　健康保険からの給付金には、次ページ表のようなものがあります。
　健康保険証で治療を受けること自体が給付といえますが、保険証が手元にない場合や海外で病気にかかった場合など、または治療用装具が必要となる場合は健康保険が使えないので、いったん全額を支払い、あとから申請することで自己負担額以外の部分が「**療養費**」として現金給付されます。
　「**高額療養費**」とは、医療費の自己負担額が高額になった場合、一定の金額（自己負担限度額）を超えた分が後で払い戻される制度です。自己負担限度額は、年齢や収入によって異なりますが、おおむね多くの場合、「80,100円＋α」とされており、月の医療費が8万100円を超えるようなら高額療養費の申請を考えましょう。
　この自己負担限度額は、被扶養者の分も合算できます。ただし、払い戻されるのは同一月内で自己負担限度額を超えた分のみです。仮に、同一の病気の治療が2か月かかり、その医療費が被扶養者分を含めて自己負担限度額を超えても対象にはならず、各月で自己負担限度額を超えた場合でないとこの制度は使えません。あらかじめ医療費が高額になることがわかっている場合には、限度額適用認定証を提示することで、払戻しではなく自己負担限度額を超えた部分は支払いを要さずに療養費の給付を受けることも可能です。
　「**傷病手当金**」は、業務外でのケガや病気で会社を欠勤し、給料

◎健康保険からの主な給付金の種類◎

給付金	どんなときに
療養費	就職直後で保険証がないなど、やむを得ず全額を自己負担で受診したときや、治療上の必要からコルセット等の治療用装具を装着したときなど
高額療養費	被保険者本人・被扶養者とも、単独または世帯合算で1か月の窓口負担額が自己負担限度額を超えたとき
傷病手当金	被保険者が療養のために会社を休み、事業主から給料を受けられないとき
出産手当金	被保険者が出産のために会社を休み、事業主から給料を受けられないとき
出産育児一時金	被保険者（被扶養者）が出産したとき
埋葬料（費）	被保険者（被扶養者）が亡くなったとき

が受けられないときに現金給付されます。欠勤1日当たりの支給額は、対象者の標準報酬月額をもとに計算されますが、およそ対象者の日額の3分の2です。支給を受けるには3日間の**待期期間**が必要なため、3日連続で欠勤後、4日目以降から傷病手当金が支給されます。

　「**出産手当金**」は、産休中に給料を受けられないときに給付されます。産休1日当たりの支給額は、傷病手当金給付額の計算方法と同じで、おおむね日額の3分の2です。

　「**出産育児一時金**」は、出産にかかる費用として42万円が支給される給付金です。受取方法には、出産費用に充てる方法と、出産費用を全額自己負担した後に42万円受け取る方法がありますが、前者の方法が一般的です。

　そのほか、被保険者本人やその被扶養者が死亡した場合に支給される「**埋葬料（費）**」もあります。

18 健康保険④ 算定基礎届、月額変更届とは

社会保険料の求め方

　社会保険料は、月の給与額（報酬月額）に応じた**標準報酬月額**に保険料率を乗じて算出します。「標準報酬月額」とは、給与額ごとに設定された金額のことで、健康保険では50等級に区分され、厚生年金保険料は31等級に区分されています。

　たとえば、報酬月額が「195,000円以上〜210,000円未満」であれば、標準報酬月額は20万円に該当し、これに保険料率を乗じることで保険料が算出されます。

　前述したように、健康保険料率は協会けんぽの場合、都道府県ごとに異なりますが、おおよそ1,000分の100で、厚生年金保険料率は一律で1,000分の183（2018年10月現在）です。この標準報酬月額が決定（変更）されるのは、①入社時、②定時決定時、③随時改定時の３回です。

入社時と定時決定の手続き

　入社時は、被保険者資格取得届に月の残業代を見込んだ月額給与額（社会保険では「**報酬**」と呼びます）を記載します。この報酬月額には、残業代はもちろん通勤手当や精勤手当などほとんどの手当が含まれます。ただし、労働の対価という性質が薄いお祝い金や見舞金、支給が不確定な臨時の大入袋等は含まれません。

　また、賞与は報酬月額ではありませんが、別途、社会保険料が徴収されます。ただし、年に４回以上支払われる賞与は、賞与とみなされず按分して標準報酬月額に含めて取り扱います。

　入社時に決定した標準報酬月額はその後、昇給や残業代の増加、通勤手当の変更などのさまざまな要因で改定が必要になるのが一般

的です。場合によっては、下がることもあるでしょう。入社時の標準報酬月額のままだと、実際の報酬額と差が生じ、正しい保険料が徴収できなくなります。そのため「**定時決定**」と呼ばれる年に一度の社会保険料を見直す手続きが必要になります。この手続きは「**算定基礎届**」を提出して（毎年7月1日～10日）行ないます。

これにより、その年の4月～6月に支給した給与額の平均額に応じた標準報酬月額をもとに新しい等級となります。

ただし、給与支払基礎日数が17日以上の月が対象です。たとえば、4月～6月に欠勤が多いとか、パートやアルバイトで出勤日数が少ないなどで給与支払基礎日数が17日未満の月があれば、その月は除いて標準報酬月額を求めます。また、たとえば通勤手当を4月から6か月分まとめて支給している場合は、1か月当たりの手当額を算出してそれぞれの月に加えます。

賞与については、年3回までの賞与は別途「賞与支払届」を記載して届出を行ないます。年4回以上支給した賞与は報酬月額となるので、7月1日以前1年間に支払われた賞与の額を合算して、それを12で割った額をそれぞれの月に加えます。

随時改定の手続き

社会保険では、①昇給または降給等で**固定的賃金に変動**があった、②変動月以降3か月に支給された報酬の平均額に該当する標準報酬月額との間に**2等級以上の差**が生じた、③3か月とも**支払基礎日数が17日以上ある**、という3つの要件をすべて満たす場合には、定時決定を待たずに標準報酬月額を変更する手続きが必要になります。

これを「**随時改定**」といい、「**月額変更届**」を提出します。給与額が大幅に変動した場合、次の定時決定まで等級を変更しないのは不合理であるため、定時決定とは別の手続きが必要になるわけです。

なお、「固定的賃金」とは、基本給や各種手当など毎月定額で支給される賃金のことで、時間外労働手当のように毎月変動する賃金については固定的賃金には含まれません。

19 厚生年金保険①
年金制度のしくみ

 基本は国民年金と厚生年金

　日本の年金制度は、大きく「**国民年金保険**」と「**厚生年金保険**」の２種類に分けられます。

　厚生年金保険は、もともとは労働者向けに生活の安定と福祉の向上を目的にして、老齢、障害、死亡について保険給付を行なうという趣旨のもとに生まれ、その後、名前を変えて「厚生年金保険」となりました。

　ここで労働者とは民間企業に勤める人を指しており、自営業者は厚生年金保険の対象外です。そこで、自営業者を対象に始まったのが「国民年金」制度で、導入後は紆余曲折があり、現在では**20歳以上60歳未満の全国民は強制的に国民年金の適用を受けること**となっています。つまり、厚生年金保険の加入者は同時に、国民年金保険の加入者でもあるということを意味しています。

 年金制度は何階建て？

　年金制度は「２階建て」ということを聞いたことがあると思います。１階部分が国民年金で、２階部分は厚生年金です。国民年金のみの加入者は１階部分のみの給付、厚生年金の加入者は２階分の給付も受けることができるというわけです。

　なお、かつては自営業者や民間企業の会社員以外の公務員や私立学校教職員などが加入する「共済年金」がありましたが、2015年10月に厚生年金保険へ統合されました。

　誰しも年を取れば、若いころに比べて収入を得るのはむずかしくなります。また、少子高齢化が加速しており、子供から援助を受けるのも厳しい状況です。したがって、公的年金制度は高齢者にとっ

◎年金制度は最大で4階建てに◎

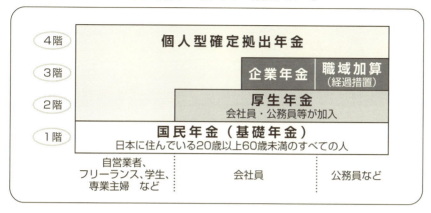

ては不可欠の制度といえます。

　実は、国民年金より厚生年金の給付のほうが手厚くなっています。もちろん、これらの年金の給付を受けるためには、保険料を支払わなければなりません。

　国民年金保険料は、月額16,340円（2018年10月現在）と定額です。一方、厚生年金保険料は、給与等の収入額に応じた保険料となっており、ほとんどの場合、国民年金保険料よりも高くなります。もっとも、厚生年金保険料の負担は会社と折半であるため、自己負担額は国民年金保険料より小さくなることもありますが、おおむね国民年金保険料を上回ります。

　「年金制度は2階建て」といわれますが、会社独自の企業年金を設定している場合は「3階建て」になります。毎月の厚生年金保険料に加えて、会社が上乗せで保険料を支払っているケースです。

　企業年金の有無は勤めている会社によりますが、仮に勤め先に企業年金制度がなくてもiDeCo（**個人型確定拠出年金**。70ページ参照）や民間の生命保険会社が販売する**個人年金保険**を活用することより、自身で年金を増やすことも可能です。iDeCoは、企業年金に加入している会社員なども加入できる場合があるので、これを加味すると、年金制度は「4階建て」になることもあります。

20 厚生年金保険②
会社が行なうべき年金の手続き

 厚生年金の手続きは健康保険と同時に行なう

　会社で行なう厚生年金保険に関する手続きは、健康保険の手続きと一体的になっています。

　管轄はそれぞれ日本年金機構、協会けんぽ（または組合健保）と異なりますが、基本的には同時に手続きを行ないます。申請用紙も1枚にまとめられていることが多く、入・退社の手続きや算定基礎届、月額変更届なども健康保険の手続きと同じです。ここでは健康保険の項で説明した以外の手続きについて触れておきましょう。

 基礎年金番号と「ねんきん定期便」

　「**基礎年金番号**」とは、国民年金加入者、つまり原則20歳以上の人に割り振られる番号で、**年金手帳**によって確認できます。

　年金手帳は、20歳になれば管轄の役所から自宅に送付されます。20歳未満で就職した場合は、厚生年金保険の加入者になるので年金手帳が交付され、基礎年金番号も割り振られます。

　基礎年金番号によって対象者の年金加入期間や保険料支払額、将来の年金額等が管理されていますが、最近では**マイナンバー**と基礎年金番号が紐づけられ、手続きの際には必ずしも基礎年金番号は必要なくなりました。仮に基礎年金番号がわからなくても、マイナンバーさえわかれば手続きできるわけです。

　なお、年金手帳を紛失した場合は再交付が可能です。本人から申し出があったら会社は、再交付の手続きをする必要があります。

　毎年誕生月に「**ねんきん定期便**」というものが日本年金機構より送られてきます。もちろん、住所が変更になると新しい住所には届きませんし、氏名が変われば年金記録も変更しなければなりません。

したがって、住所や氏名に変更があったときは会社を通じて手続きする必要があります——というのは2018年2月までの話で、マイナンバーと基礎年金番号が紐づいていれば、公的年金に関する住所変更、氏名変更の手続きは省略できるようになりました。

厚生年金保険の手続きの留意点

　賞与からは、健康保険料と同時に厚生年金保険料の控除が必要になり、支給してから10日以内に「賞与支払届」の提出も必要です。

　賞与から控除する社会保険料は、毎月の給与から控除する保険料とは異なり、**標準賞与額**をもとに計算します。標準賞与額とは、賞与から1,000円未満の額を切り捨てた額をいい、厚生年金保険料については支給1回（同月に複数回支給した場合は合算）につき150万円が限度です。この標準賞与額に保険料率を乗じた額が、健康保険料や介護保険料、厚生年金保険料の額になります。

　老齢年金は原則として65歳から支給されますが、年金を受給していても勤め続けていて要件を満たしていれば、**70歳**までは厚生年金保険料を支払わなければなりません。この場合、1か月当たりの給与と年金を合算した額が一定の額を超えると、年金の一部が支給停止となります。これを「**在職老齢年金の支給停止**」といいます。

　70歳以降も会社に在籍している場合は、厚生年金保険料を支払う必要はありませんが、70歳以上被用者として、在職老齢年金の支給停止に関する手続きを行なわなければなりません。

　70歳以上で社会保険の加入要件を満たす対象者について会社は、「70歳以上被用者該当届」を提出し、該当しなくなった場合は「非該当届」を提出することになっています。

　また、賞与を支給する場合にも、70歳以上被用者に関する手続きが必要になります。

　上記の手続きの際には、総報酬月額相当額（標準報酬月額＋年間の賞与額の12分の1）を計算したうえで、在職老齢年金の支給停止に該当するか否かを判断します。

21 厚生年金保険③ 公的年金制度のしくみ

 老齢年金のしくみ

　一般に年金といった場合は「老齢年金」を指しますが、これ以外にも公的年金には「障害年金」と「遺族年金」があります。

　まず一般的な**老齢年金**については、**受給資格期間**が10年以上あれば原則として65歳から受給できます。受給資格期間とは、年金を支払った年数と、年金の支払いを免除された年数等を合算した期間です。

　老齢年金には、国民年金部分の「**老齢基礎年金**」と厚生年金部分の「**老齢厚生年金**」があります。国民年金は20歳から60歳までが加入期間であるため、40年間保険料を納めれば満額の基礎年金を受給できます。現在、年額で77万9,300円（2018年10月現在）です。

　厚生年金保険に加入していれば、これに加えて報酬比例部分の年金を受け取れます。報酬比例部分は加入期間や標準報酬月額に応じており、また計算式も複雑なため一概にはいえませんが、2017年12月に発表された「平成28年度厚生年金保険・国民年金事業の概況」によれば、厚生年金受給権者の平均年金月額は、およそ14万6,000円となっています。これには基礎年金部分も含まれています。

　自分の年金額は、近くの年金事務所や「ねんきん定期便」等で確かめることができます。

　なお、公的年金は「賦課方式」を採用しています。つまり、自身が支払った保険料が将来に年金としてもらえる「積立て方式」ではなく、納めた保険料はその時々の給付に充てるという方法です。たとえば、現在支給されている年金は、現在働いている人が払っている保険料から賄われているという世代間扶養の制度なのです。給与水準の変化やインフレに対応しやすいというメリットがあります。

障害年金、遺族年金のしくみ

　障害年金は、ケガや病気により一定の障害が残ってしまった場合に支給される年金です。厚生年金に加入していれば、国民年金部分の「**障害基礎年金**」と厚生年金部分の「**障害厚生年金**」を受給できます。

　「一定の障害」とは、障害等級3級以上のことをいい、1級、2級の場合は障害基礎年金と障害厚生年金の両方を受給できますが、3級の場合は障害厚生年金のみの給付です。障害等級によって支給額が異なり、配偶者や子の有無によっても支給額は変わります。

　遺族年金にも、「**遺族基礎年金**」と「**遺族厚生年金**」があり、受給するには25年以上の加入期間が必要です。年金に加入していた人が亡くなったときに、その人によって生計を維持されていた遺族が支給を受けることになります。

　ただし、遺族基礎年金と遺族厚生年金では受給できる範囲が異なり、前者は「子のある配偶者」か「子」、後者は「妻」、「子・孫」、「55歳以上の夫、父母、祖父母」です。つまり、亡くなった人が国民年金のみ加入の場合は、子がいなければ遺族年金を受給することはできません。

　また、子の数に応じて支給額は増額します。ここでいう子とは、「18歳到達年度の年度末を経過していない者または20歳未満で障害年金の障害等級1・2級の者」をいいます。

　年金は1人一年金が原則です。老齢・障害・遺族年金それぞれの基礎年金と厚生年金については当然1つの年金とみなされますが、たとえば遺族年金と障害年金、両方の受給資格を満たしている場合、原則として受給できるのは選択したどちらか一方の年金です。

　このように公的年金は、リタイア後の老齢年金だけに限らず、障害者になったときの障害年金や、死亡によって遺族が受けられる遺族年金という3本立ての制度になっています。

22 雇用保険①
入社、退職時の手続き

 雇用保険の役割は失業給付だけではない

「**雇用保険**」は、一般に労働者が退職等をして失業したときに、新しい仕事に就くまでの生活費を援助する**失業保険**というイメージがあると思います。たしかにこれは、雇用保険の目的の大きな部分ですが、実はこれだけではありません。

少子高齢化が進み、労働者人口が減少しつつあるなかで、高齢者の雇用継続・維持、また育児や介護を理由とした離職がないように雇用保険から援助をしています。また、労働者が資格取得のために専門学校に通うなど、職業に関する訓練を受けた場合に、雇用の安定と再就職の促進を図る目的でその費用の一部を支給しています。いわゆる「失業保険」以外にも、雇用保険からはさまざまな給付があるわけです（詳細は後述します）。

これらの給付を受けるためには、雇用保険に加入し、雇用保険料を支払っていなければなりません。

雇用保険の保険料率は、建設業、農林水産・清酒製造業とそれ以外の一般の事業では異なっており、一般の事業の保険料率は1,000分の9で、そのうち1,000分の3が労働者の負担分です（2018年10月現在）。労働者負担分は、毎月の給与から「その月の給与総額×雇用保険料率」で算出した額を天引きしています。

 雇用保険に加入しなければならない人

雇用保険では、法律で次の2つの要件を満たす者には加入が義務づけられています。
① 1週間の所定労働時間が20時間以上
② 31日以上、雇用の見込みがある

ただし、昼間学生は除外されますし、労働者とみなされない個人事業主、会社役員やその家族従業員は雇用保険に入れません。また、かつては65歳以上の労働者は雇用保険に加入できませんでしたが、適用拡大の法改正があり、2017年1月1日以降は、65歳以上でも上記要件に該当すれば雇用保険への加入が義務づけられました。

　会社は新たに従業員を採用したとき、新規に事業を開始して従業員を初めて雇用したときは、その従業員が上記要件に該当すれば**雇用保険被保険者資格取得届**を管轄のハローワーク（公共職業安定所）に提出しなければなりません。従業員の入社月（雇用保険加入要件に該当した月）の翌月10日までに手続きをする必要があります。

　手続きする際には、氏名、生年月日などの個人情報が必要になりますが、**雇用保険番号およびマイナンバーも不可欠**です。

　雇用保険番号とは労働者ごとに割り振られる11桁の番号です。この番号を使う場面は失業時や転職時など限られますが、雇用保険の給付を受ける際には必要になる番号です。

　雇用保険の被保険者資格を取得すると、雇用保険番号や氏名、会社名が記載された**雇用保険被保険者証**が発行されます。会社控と本人控の2つがあるので、本人控分は従業員本人に渡してください。

 ## 退職時の手続き

　従業員が会社を退職するときは、雇用保険の被保険者資格喪失手続きを行ない、**離職日から10日以内**に管轄のハローワークに喪失届を提出します。その際にも、雇用保険番号とマイナンバーの記載は必須です。

　また、原則として「離職証明書」（離職票）の手続きも同時に行ないます。これは、失業保険の受給の可否および失業給付額を決定する際の資料となります。離職証明書は、失業者の受給権に大きく影響を及ぼすため、正確に、できるだけ詳しく記入しましょう。

　なお、退職者の申し出により、失業保険の受給予定がなく、離職票は必要ないという場合は、資格喪失の手続きのみとなります。

23 雇用保険②
失業保険についての基礎知識

 失業保険とは

　一般に「失業保険」といわれている言葉は、正しくは雇用保険の「**求職者給付**」の「**基本手当**」のことを指しています。失業中の求職者の再就職を支援し、新しい職場を見つけるまでの生活保障的な給付のことです。ここでは「失業保険」として説明します。

　失業保険の額は、直近半年の賃金額のおよそ50％から80％となっています。直近の賃金額と年齢によって「**給付基礎日額**」が計算され、退職理由、年齢、勤続年数（雇用保険加入年数）に応じて「**所定給付日数**」が決定されます（右ページ表参照）。

　給付基礎日額は、「直近6か月の給与÷180」で求められる「賃金日額」に年齢・賃金日額に応じた係数を乗じることで求められます。この係数は、賃金日額が多いものほど小さく、日額が低いものほど大きくなります。一方、所定給付日数とは、給付基礎日額が支給される日数のことです。離職理由、年齢や雇用保険加入期間に応じて、その日数は定められています。

　特に「離職理由」については、自己都合退職など自らの意思で退職した場合は「**一般受給資格者**」となり、それに対して倒産、解雇といった会社都合による離職を余儀なくされた場合は「**特定受給資格者**」とされます。さらに、有期雇用労働者が雇止め等を理由に退職した場合は「**特定理由離職者**」といいます。

 失業保険が受けられるための条件

　失業保険を受けるためには、次の要件をいずれも満たす必要があります。
①ハローワークに来所し、求職の申込みを行ない、就職しようとす

◎一般受給資格者の所定給付日数◎

年齢区分＼被保険者であった期間	1年未満	1年以上5年未満	5年以上10年未満	10年以上20年未満	20年以上
全年齢共通	—	90日	90日	120日	150日

◎特定受給資格者および一部の特定理由離職者の所定給付日数◎

年齢区分＼被保険者であった期間	1年未満	1年以上5年未満	5年以上10年未満	10年以上20年未満	20年以上
30歳未満	90日	90日	120日	180日	—
30歳以上35歳未満	90日	120日	180日	210日	240日
35歳以上45歳未満	90日	150日	180日	240日	270日
45歳以上60歳未満	90日	180日	240日	270日	330日
60歳以上65歳未満	90日	150日	180日	210日	240日

る積極的な意思があり、いつでも就職できる能力があるにもかかわらず、本人やハローワークの努力によっても、職業に就くことができない「失業の状態」にあること

②離職の日以前2年間に、賃金支払いの基礎となった日数が11日以上ある月が通算して12か月以上あること。ただし、**特定受給資格者または特定理由離職者については、離職の日以前1年間に、被保険者期間が通算して6か月以上あれば可**

雇用保険に加入しており、11日以上出勤している月が離職日以前2年間で12か月以上あれば、失業保険は受給できます。また、就職する気がない、病気やケガ、妊娠や育児ですぐに就職できないといった理由で職に就かない場合は、「失業」とはみなされず、失業保険は受給できません（ただし、受給を先延ばしできる場合がある）。

なお、失業保険はハローワークで手続き後、初回認定日から3か月間は受給できません。この3か月を**給付制限期間**といいますが、特定受給資格者は給付制限期間を経ずに支給されます。

24 雇用保険③ 雇用継続給付のポイント

 高年齢の場合に受けられる雇用継続給付

雇用保険の失業保険以外の主な給付には、「雇用継続給付」と呼ばれる次の3つの給付があります。
- 高年齢雇用継続給付
- 育児休業給付
- 介護休業給付

「高年齢雇用継続給付」は、働く意思のある60歳以上65歳未満の高齢者の雇用継続を目的として支給する給付金です。

高年齢雇用継続給付は、60歳以降も雇用継続する場合に支給される「**高年齢雇用継続基本給付金**」と、失業手当を受給し、60歳以降に再就職した場合に支払われる「**高年齢再就職給付金**」とに分かれます。高年齢雇用継続基本給付金は、定年後に再雇用された際に定年前に比べ給与額が大幅に下がったときに支給を受けることができます。

高年齢雇用継続給付を受給するためには、以下の要件を満たす必要があります。

①60歳以上65歳未満の雇用保険一般被保険者であること
②雇用保険に5年以上加入していること
③60歳時点の給与額と比較し、それ以降の賃金額が75％未満となっていること
④高年齢再就職給付金については、再就職の前日における基本給付（失業手当）の支払い日数が100日以上であること

基本給付金の額は、賃金減額率によって異なりますが、原則として60歳以降に支払われる給与額の15％で、60歳から65歳まで給付金が支給されます。手続きは、基本的には会社が行ないます。特に、

基本給付金の支給は2か月に一度となっており、2か月分を一度に申請する都合上、申請期間は支給対象期間終了後1か月以内です。忘れずに手続きを進めましょう。

育児・介護休業の際に受けられる雇用継続給付

「育児休業給付」は、法律上認められた「育児休業」を取得し、その間会社から給与の支払いがない場合に受給できます。

育児休業は、産前産後休業が終わってから子供が1歳になるまでの期間です。ただし、待機児童など子供が保育所に入所できず、職場に復帰できない場合は1歳半まで、さらにその時点でも保育所に入所できない場合は最長2歳になるまで育児休業を延長できます。

このすべての期間について、育児休業給付を受けられますが、母親が産前産後休業を取得したときは、雇用保険の給付はありません。しかし、休業期間中に給与の支払いがなければ、健康保険から出産手当金が支給されます。

支給対象者は、育児休業開始日前2年間に給与支払いの基礎となる日数が11日以上ある月が12か月以上ある人です。また、これは**女性に限らず男性も支給対象**となります。

支給額は、休業開始時賃金額をもとに計算します。これは、育児休業開始前または産前産後休業開始前6か月間の給与を平均して算出した1日当たりの額です。育児休業開始から最初の6か月間は「休業開始時賃金額×支給日数×67％」、それ以降は50％を乗じます。

したがって、給与額のおよそ3分の2または2分の1の額をもらえることになります。この手続きも、基本的には会社が行ないます。支給対象期間が2か月であるため、2か月おきに申請します。

「**介護休業給付**」は、要介護状態の家族を介護するため会社を休業し、その間給与の支払いがない場合に支給され、介護による離職を減らすことを目的にしています。

支給額は、「休業開始時賃金額×支給日数×67％」です。介護休業給付は、同一家族につき最大で93日分支給されます。

25 労災保険①
業務災害と通勤災害のポイント

 業務災害とは

　健康保険は、プライベートなケガや病気をカバーしてくれますが、仕事中のケガ等はカバーしてくれません。代わりに**労働者災害補償保険**、いわゆる「**労災保険**」がこれをカバーします。

　仕事上のケガ・病気といいましたが、正確には「業務災害」と「通勤災害」によるケガ・病気です。

　まず、**業務災害**とは、業務上の事由により起こった負傷、疾病、傷害または死亡をいいます。業務上とは、「**業務が原因となった**」ということであり、業務と傷病等との間に密接な関連、一定の因果関係があることをいいます。

　業務に就いている時間、使用者の指揮命令下に置かれている時間は、**業務遂行性**があるため因果関係が認められます。ただし、労働者が就業時間中に私的行為を行ない、それがもとで起きた災害等は**業務起因性**が認められず、業務災害とはなりえません。

　たとえば仕事中であっても、大地震に被災した場合は、業務と関係のない事由であるため、業務災害とは認められません。

　一方、休憩時間は労働時間ではなく、使用者の指揮命令下にはない時間ですが、業務起因性があれば業務災害となります。ただし、ランチを食べに行く途中に転んでケガをしたというような私的事由によるケースでは、業務災害とは認められません。

 通勤災害とは

　次に、**通勤災害**は、自宅から会社、あるいは会社から自宅の間に起きる災害を指しますが、ここでいう「**通勤**」とは就業に関し、次の行動をいいます。

①住居と就業の場所との往復行為
②就業の場所から他の就業の場所への移動
③単身赴任先住居と帰省先住居との移動

さらに加えて、「**合理的な経路および方法**」により通勤等を行ない、「**業務の性質を有するものを除く**」ものとされています。業務に関連するものは業務災害となるため、それと区別するためです。

「合理的な経路」とは、通常利用しうる経路のことで、日常と異なる経路であっても認められます。ただし、特段の事情もなく遠回りするケースだと認められないことがあります。また「合理的な方法」とは、公共の交通機関を用いたり、マイカー、自転車等を本来の用法に従って使用する場合がそれにあたります。

たとえば、通勤途中に、就業・通勤に関係のない目的で合理的な経路を逸脱した場合、または通勤の経路上で通勤と関係のない行為を行ない、通勤を中断した場合は、原則としてその後は通勤とは認められません。ただし、その逸脱・中断がやむを得ない行為で、最小限の範囲内で行なう場合には、逸脱または中断の間を除き、合理的な経路に戻った後は再び通勤となります。厚生労働省令で定める逸脱、中断の例外となる行為は、次のとおりです。

①日用品の購入その他これに準ずる行為
②職業能力開発促進法第15条の6第3項に規定する公共職業能力開発施設において行なわれる職業訓練（職業能力開発総合大学校において行なわれるものを含む）、学校教育法第1条に規定する学校において行なわれる教育その他これらに準ずる教育訓練であって職業能力の開発向上に資するものを受ける行為
③選挙権の行使その他これに準ずる行為
④病院または診療所において診察または治療を受けること、その他これに準ずる行為
⑤要介護状態にある配偶者、子、父母、配偶者の父母ならびに同居し、かつ、扶養している孫、祖父母および兄弟姉妹の介護（継続的にまたは反復して行なわれるものに限る）

26 労災保険②
主な給付金の種類と手続き

 給付金の名称に「補償」の文字がつくワケ

　労災保険からは、業務災害、通勤災害による傷病に対して「**療養（補償）給付**」や「**休業（補償）給付**」として給付金が支給されます。

　また、傷病は治ったものの障害が残ってしまったときは「**障害（補償）給付**」が、万が一死亡してしまった場合には「**遺族（補償）年金**」か「**遺族（補償）一時金**」が、さらに葬祭の費用として「**葬祭料**」が支給されます。

　上記、給付金の種類でカッコ付きで「（補償）」となっていることの意味するところは、それぞれ業務災害に起因するものなのか、通勤災害によるものなのかによります。通勤災害の場合は、「補償」という文字はつかず、「療養給付」「障害給付」などとなります。

　業務災害の場合は、その責任は会社にあり、会社が災害に遭った社員に対して補償しなければならないという考え方があるため、「補償」という文字が付きます。つまり業務災害の場合は、会社がすべき補償を労災保険が代わりに行なっているので、補償という文字が入るわけです。

　通勤災害の場合は、会社の関知するところによらず、原則として事業主責任はないため、補償の文字は入りません。

 給付を受ける際の手続きのしかた

　業務災害と通勤災害では、提出する書類の様式は異なりますが、給付内容はほとんど同じなので、まとめて説明します。

　労働者が労災による傷病を負った場合、「**療養**」の現物給付を受けることができます。つまり、医療費を負担することなく治療をしてもらえます。

これに関する書類は会社が作成し、かかった医療機関に提出するという方法が一般的です。薬の処方も保険がきくので、場合によっては病院用、薬局用と書類を２部作成することもあるでしょう。

かかった病院が労災指定病院ではない場合は、療養の現物給付を受けることはできません。その場合は一度、全額を自己負担で医療費を支払い、管轄の労基署に指定の手続きを行なうことで、その療養にかかった費用を請求することができます。労災による傷病なので、健康保険を使うことはできません。かかった医療機関では、労災であることを伝え、健康保険証を使わないよう注意してください。

また、ケガや病気が長引き、会社を休まなければならならなくなると、その間、給与の支払いを受けることができません。その場合は、労災保険から「**休業（補償）給付**」を受けることができます。

休業してから４日目以降に、それぞれ「給付基礎日額（平均賃金）×休業日数」が支給されます。この額は、給与額のおよそ８割です。最初の休業３日目までは労災保険による給付はありませんが、業務上災害の場合、会社が平均賃金の60％以上の休業補償をしなければなりません。業務災害の場合は原則として会社が責任を負うからです。

「**障害（補償）給付**」は、業務災害、通勤災害による治療は終わったものの、身体に一定の障害が残った場合に支給されます。ここでいう治療の終了は「症状固定」といい、症状が一定程度安定し、これ以上治療しても医療効果が見込めないと判断されたことをいいます。障害等級に応じて、一時金または年金が支給されます。

「**遺族（補償）給付**」は、万が一、業務災害、通勤災害で死亡してしまったときに、亡くなった被災者によって生計を維持されていた遺族に支払われます。給付金は遺族全員が受けられるわけではなく、受給資格者のなかで優先順位の高い者に対してです。順位については、配偶者が最先受給資格者で、それ以外の者については年齢や障害に応じて順番が設けられています。

27 労災保険③
労働者死傷病報告とは

 労働者死傷病報告の提出が必要な場合

　従業員が労災事故に遭った場合、書類を提出することで治療の現物給付や休業（補償）給付を受けられます。
　それ以外の手続きとしては、業務災害によって休業した場合、または死亡してしまった場合には、会社は**「労働者死傷病報告」**を管轄の労働基準監督署に提出しなければなりません。
　労働者死傷病報告は、労基署に対してどのような業務災害があったのかを報告する手続きです。
　労働災害統計の作成などに活用されており、提出された労働者死傷病報告をもとに労働災害の原因の分析が行なわれ、同種の労働災害の再発を防止するための対策の検討にも活かされるなど、労働安全衛生行政の推進に役立てられています。

 労災かくしにならないように気をつける

　仮に、労働者死傷病報告を提出しなかった場合は、**「労災かくし」**となります。
　労災かくしは、適正な労災保険給付に悪影響を与えるばかりでなく、会社にとって都合の悪い事故を隠蔽し、被災者に犠牲を強いる悪質な行為として犯罪にあたります。
　当然、実際の事故よりも軽い事故として報告するなどの「虚偽の報告」も「労災かくし」に当たります。労働者死傷病報告の提出事由に該当したときは、遅滞なく正確に提出するようにしましょう。
　なお、通勤災害は業務上の災害ではないため、労働者死傷病報告を提出する必要はありません。

いつまでに提出するのか

　この労働者死傷病報告と、労災保険の給付手続きは、別の手続きであるため、仮に給付を受けないとしても、労働者死傷病報告の提出事由に該当すれば、必ず提出しなければなりません。
　たとえば、業務中に交通事故に遭った場合、労災保険の給付ではなく、相手方が自動車保険の給付を受けることがあるかもしれません。
　このような場合、つまり労災保険を使わない場合でも、労働者死傷病報告は提出する必要があるのです。
　労働者死傷病報告は、死亡または休業の場合に提出が必要となりますが、休業日数に応じて提出する様式が異なります。
　休業日数が4日以上の場合に提出する書式は「様式第23号」です（実際の書式は各都道府県労働局のホームページなどを参照してください）。
　一方、休業日数が4日未満の場合に提出する書式は「様式第24号」ですが、これは比較的軽微なものとして簡単な報告に限られます。
　提出時期についても、休業4日以上の場合は**そのつど遅滞なく**提出する必要がありますが、休業4日未満のものについては、以下の期間ごとに**まとめて報告**することになっています。

- 1～3月分…4月末日までに報告
- 4～6月分…7月末日までに報告
- 7～9月分…10月末日までに報告
- 10～12月分…1月末日までに報告

iDeCo（イデコ）とは

　「iDeCo」は、平成13年（2001年）に施行された確定拠出年金法にもとづいて実施されている私的年金の制度です。

　少子高齢化が進み、高齢者の平均余命が延びつつあるわが国では、老後を公的年金だけで過ごすのはむずかしいでしょう。

　老後の生活資金を国の公的年金だけに頼らず、自主的に形成していこうというのがiDeCoの考え方です。

　「iDeCo」とは愛称で、正式には**「個人型確定拠出年金」**といいます。確定拠出年金を指す言葉である「ＤＣ（Defined Contribution Plan）」の頭に、個人型「individual type」を付けて、全体に略して「iDeCo」としています。

　確定拠出年金は、この「個人型」と「企業型」の２つに大きく分けることができます。

　個人型のiDeCoは、老後のための自主的な資産形成なので、掛金は自身で支払い、自分で運用します。原則として20歳から60歳まで加入でき、60歳以降70歳までの間で希望する年齢から年金または一時金という形で受取りが可能です。

　それに対して企業型は、掛金を会社が負担します。当然、会社が企業型年金を採用していなければ利用できないので、誰でも利用できるわけではありません。逆に、企業型に加入しているとiDeCoに加入できない場合があります。

　iDeCoのメリットは、次の３つの税制優遇にあります。

①**掛金は全額、所得控除できる**
②**運用益は非課税である**
③**受取時には公的年金等控除または退職所得控除が受けられる**

　税制優遇を受けながら老後の資産形成をする——従業員にもiDeCoの加入を検討するようにアドバイスしてみてはいかがでしょうか。

4章

給与計算業務のしくみと実務ポイント

- 所得税
- 勤怠情報
- 年末調整
- 社会保険料
- 住民税

28 給与計算業務に入る前の準備

給与計算業務の大まかな流れ

　「給与計算」では、まず基本給や諸手当などの支給項目をベースとして、勤務日数や勤務時間数などの勤怠情報にもとづき支給額を計算します。

　そして、法律で定められた社会保険料や所得税、住民税を控除しますが、控除した社会保険料や所得税、住民税は、会社が本人に代わって年金事務所や国、市区町村に納付します。

　その際、社会保険料は、その人の標準報酬月額に応じて「保険料額表」にもとづいて控除額を決定します。また所得税は、「その月の社会保険料控除後の給与等の金額」と「扶養親族等の数」に応じて「源泉徴収税額表（月額表）」にもとづいて控除額を決定し、住民税は、市区町村から送られてきた「特別徴収税額の通知書」にもとづいた額を控除します。

給与計算する際に用意する書類

● 「雇用契約書」

　基本給、諸手当の額や控除項目の確認のために必要です。新入社員の場合、試用期間中とは基本給が変わっている場合もあるので注意しましょう。

　支給する手当の種類などについても、契約内容を１つひとつ確認して、給与計算を行なうようにしましょう。家族手当や住宅手当など各種手当の支給要件については、就業規則や賃金規程などで確認することも必要です。

● 「給与所得者の扶養控除等（異動）申告書」

　この申告書には、配偶者や子などの扶養親族の氏名、生年月日、

年収、同居の有無、障害の有無などが記入されています。これをもとに毎月、源泉徴収する所得税の額が決まります。扶養控除等申告書は、年末調整の際にも必要になります。

注意しなければならないのは**子供の年齢**です。16歳未満の子は所得税の扶養控除の対象とはなりませんが、住民税の控除対象にはなります。住民税に関する事項は、所得税の扶養親族を記入する欄とは別に設けられているので注意しましょう。

また、家族手当については、扶養控除等申告書には記入していなくても家族手当の対象となる家族がいるケースもあります。その場合には、本人から申告してもらい、給与規程上の支給要件を満たしているか（年収○○万円以下など）確認しましょう。

● マイナンバーのわかる書類の写し

市区町村に提出する「**給与支払報告書**」には、マイナンバーの記載が必須なので、入社時には提出してもらうようにしましょう。退職した従業員の給与支払報告書にも記載は必須です。

なお、給与支払報告書とは、1年間に支給した給与、賞与等の合計額を、従業員の居住する市区町村に届け出るための書類です。

● 社会保険の被保険者資格取得届の控

新入社員の場合、社会保険に加入する際には、1か月にどれくらいの給与（残業代の見込額を含む）を支払うのかを決めて資格取得届を提出します。その資格取得届に記載された報酬月額にもとづいて控除する社会保険料の額が決まり、次の定時決定か随時改定までは、この保険料額を給与から控除していくことになります。

● 住所変更や扶養家族の変更に関する届出

従業員本人に住所変更があった場合は、通勤経路が変わり、それに伴って通勤手当が変わることがあります。通勤手当を正しく計算するためにも、変更した日と新しい通勤経路を確認しておきます。

また、結婚したり、子供が産まれたりして、扶養家族が増える場合は、源泉徴収税額や家族手当が変動することがあります。これも事前に確認しておきましょう。

29 勤怠情報を整理する

🧮 時間外労働時間数などを確認する

　給与計算を始める前には、従業員の**勤怠情報**も整理しておきます。ここでは法定どおりの計算方法を紹介しますが、自社の時間外労働手当の割増率や計算方法は、給与規程等で必ず確認しておきましょう。勤怠情報として確認する事項は以下のとおりです。

● 出勤日数、労働時間数

　会社ごとに定めている「所定労働時間」を勤務していたかどうかを確認します。

● 欠勤日数

　会社によって、基本給のみを欠勤控除の対象としたり、各種手当を含めて欠勤控除の対象とする場合があります。自社の給与規程等に記載されている計算式を確認しておきましょう。

● 年次有給休暇の取得日数

　有休を取得した日は、もちろん出勤したものとして取り扱います。たとえば、日給者、時給者については1日の所定労働時間の分を支給することになりますが、給与規程等で自社の支給基準がある場合には確認しておきましょう。

● 遅刻・早退時間数

　遅刻・早退や勤務時間中の外出（いわゆる中抜け）について給与カットする場合は、実際の時間数より多い時間分を控除することは違法になるので、注意してください。

● 残業時間（時間外労働時間）

　会社で決めた所定労働時間を超えた勤務時間は、残業時間となります。この残業時間が法定労働時間内の場合、残業代は1.0倍でよく、割増賃金を支払う必要はありません。法定労働時間を超えた部分に

◎法定の割増賃金の考え方◎

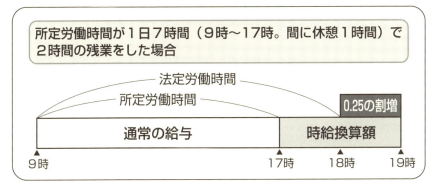

については1.25倍の割増賃金を支払うことになります。これは法定されている原則的な取扱いなので、自社のルールについて給与規程等で確認しておきます。

● 深夜労働時間

夜10時から翌朝5時までの間に勤務した場合は、深夜労働時間となり、時間外労働時間とは別に、0.25倍の割増賃金の支払いが必要になります。

● 休日出勤日数とその時間数

まず出勤した休日は、「法定休日」か、あるいは会社で決めた「所定休日」かを確認します（33ページ参照）。

法定休日であれば通常の1.35倍の賃金、所定休日なら1.0倍か1.25倍（週40時間を超えるもの）の賃金を支払います。つまり所定休日に出勤した場合の割増賃金の考え方は、時間外労働時間と同じということです。

なお、休日とは、原則として継続した24時間をいい、午前0時から起算します。たとえば所定労働日に残業をして、午前0時に法定休日に突入した場合は、そこから休日出勤手当が発生します。

そもそも休日は労働義務がない日なので、所定労働時間や残業の概念はありません。したがって、法定休日に出勤した場合は、勤務時間すべてが1.35倍の割増賃金の対象となります。

30 社会保険料を控除するしくみ

健康保険料、介護保険料、厚生年金保険料の控除

「社会保険料」とは一般的に、健康保険、介護保険、厚生年金保険、雇用保険の保険料を指します。

このうち健康保険料と介護保険料、厚生年金保険料は、標準報酬月額表（保険料額表）にもとづいて算出します。基本給や各種手当、通勤手当などの総額（「**総報酬**」といいます）を、標準報酬月額表に当てはめて、該当する等級に応じた保険料を給与から天引き控除することになります（都道府県ごとに保険料率は異なります）。

総報酬には、新入社員であれば、残業代の見込み額も加える必要があります。

ここで「**報酬**」とは、労働の対償として受けるすべてのものをいいますが、下図の区分に従って判断します。

【報酬に含めるもの】	【報酬から除かれるもの】
● 基本給や家族手当、住宅手当、通勤費、残業代等	● 一時金で支給される退職手当
● 前払いされ給与等に上乗せされた退職手当	● 病気見舞金や傷病手当金等
● 現物給付の食事、住宅を金銭に換算した額	● 臨時に支給される大入袋等
● 年4回以上の賞与	● 3か月を超える期間ごとに受けるもの（賞与等）

標準報酬月額表には、健康保険、介護保険は1等級から50等級まで、厚生年金保険は1等級から31等級まであります。

また、3か月を超える期間ごとに支給する賞与については、総支給額の1,000円未満の端数を切り捨てた金額を**標準賞与額**として、

それに各都道府県で設定されている保険料率を掛けて、保険料を算出します。

ちなみに、標準賞与額については上限があり、健康保険、介護保険の場合は、年度（毎年4月1日から翌年3月31日まで）ごとに573万円です。厚生年金保険の場合は、1回あたり150万円です。年間の累計額または1回当たりの標準賞与額が、これらの上限額を超える場合には、超えた部分には保険料は発生しません。

雇用保険料の控除

雇用保険料についても、労働の対償として受けるすべてのもの（ここでは「**賃金**」と呼びます）が対象となりますが、一部のものは除かれます。

【賃金総額に含めるもの】
- 基本給や家族手当、住宅手当、通勤手当、残業代等
- 前払いされ給与等に上乗せされた退職手当
- 休業手当
- 住居の利益
- 賞与

【賃金総額から除かれるもの】
- 一時金で支給される退職手当
- 休業補償費
- 結婚祝金、死亡弔慰金、災害見舞金
- 解雇予告手当
- 制服代
- 出張旅費、宿泊費等

ここで「住居の利益」とは、社宅等の貸与を行なっている場合のうち、貸与を受けない者にも均衡を図って住宅手当を支給する場合をいい、支給要件や状況により、賃金に算入されるかどうかを判断します。

また、現在は4月1日時点で64歳以上の雇用保険被保険者は、雇用保険料が免除されていますが、2020年度より、この免除制度は廃止され、雇用保険料の徴収が始まります。

31 所得税のしくみの基本

課税される所得額を計算する

会社などで働いているときにもらう給料（給与）は、**所得税**では「**給与所得**」といいます。

この給与所得に対する所得税を計算する際に、最初に覚えておきたいのは、「課税される給与所得」と「課税されない給与所得」があるということです。

「課税される給与所得」とは、給与の総支給額から「課税されない給与所得」（「**非課税所得**」といいます）と社会保険料などを差し引いたものをいいます。

> 給与の総支給額－非課税となる手当等－社会保険料＝課税所得

非課税となる主なものは、通勤手当や出張旅費、転勤旅費などです。

ただし、「**通勤手当**」には**非課税限度額**というものがあり、電車、バス等の交通機関利用者への通勤手当は**1か月15万円**まで、マイカーや自転車通勤の場合は、2km以上の通勤距離に応じて1か月4,200円から3万1,600円と決まっています。これを超える通勤手当を支給した場合、超えた分は給与所得として課税されます。

課税所得に対応した所得税額を求める

上記にあげた計算式で算出した課税所得を、「**給与所得の源泉徴収税額表**」に当てはめて、所得税を算出します。

税額表には、月額表と日額表がありますが、月給制などで支給する一般のほとんどの従業員は、**月額表**を使います。

この月額表には、甲欄と乙欄があり、「給与所得者の扶養控除等（異動）申告書」が提出されている場合は甲欄を適用します。

　甲欄では、72ページでも説明したように「その月の社会保険料控除後の給与等の金額」と「扶養親族等の数」から所得税額を導き出すようになっています。

　扶養親族等の数は、扶養控除等申告書に記載された配偶者控除や扶養控除の対象者の合計数ですが、たとえば、扶養控除を受けるためにはその人の年収の制限などがあるので、その条件をクリアしているかどうかは、あらかじめチェックしておきましょう。

　また、2か所以上から給与を受けている従業員や、扶養控除等申告書を提出していない従業員については、月額表の乙欄を適用します。乙欄適用となると、割高な所得税を徴収することになるので、注意が必要です。

　なお、賞与から源泉徴収する所得税額は、月額表とは異なる税額表（賞与に対する源泉徴収税額の算出率の表）を使って求めます。

年末調整で所得税の年税額を確定させる

　所得税では、「年末調整」を行なって年間の所得税額を確定させ、毎月の給与や賞与から源泉徴収した税額と過不足を精算することになっています。

　実は、毎月の給与から源泉徴収している税額はいわば仮に計算した概算額です。たとえば月額表では、生命保険料控除や地震保険料控除などは織り込まれておらず、配偶者控除や扶養控除の所得控除額なども正確には反映されていません。

　そこで、年末調整によって正確な所得税額を計算して確定させ、それまで徴収してきた税額の累計額と精算するわけです。

　なお、医療費控除や初回の住宅ローン控除などについては、年末調整で精算することはできないので、これらの控除を受けたい従業員は、翌年の決まった時期に自ら確定申告を行なって税額の還付手続きをしてもらうことになります。

32 住民税のしくみの基本

住民税を払うのは翌年以降！？

「住民税」とは、都道府県が徴収する都道府県民税と、市町村が徴収する市町村民税（東京23区の場合は特別区民税）を併せた呼び方です。

住民税は所得税とは違って、前年の所得に対して課税されるしくみになっています。

所得税は、毎年1月から12月の間に支払われた課税所得に対して課税されます。一方、住民税は、課税対象期間は所得税と同じように毎年1月から12月の間なのですが、その1年間の課税所得にもとづいて住民税額を計算し、翌年の6月から翌々年の5月まで納付することになっています。

住民税額は市区町村から通知される

所得税の年末調整の結果は、従業員に「源泉徴収票」に記載して交付しますが、この源泉徴収票と複写式になっている「**給与支払報告書**」を従業員の住所を管轄する税務署と**市区町村**へ、翌年1月31日までに提出することになっています。

給与支払報告書を提出した市区町村からは、翌年5月ごろに、6月から控除する住民税額に関する通知書が会社に届きます。これにもとづいて、その人の住民税額を毎月の給与から控除していくことになります。

ちなみに、通知書には6月～翌年5月までの12か月分の住民税額が記載されていますが、総額を12で割った端数が6月分に加算され、7月分以降は均等額になっています。給与計算する際には、この住民税額の変更時期に細心の注意を払うようにしましょう。

また、従業員本人が年末調整後に確定申告したことなどにより、一度確定した課税所得に変更が生じると、年の途中で住民税の額が変わる場合があります。その場合は、市区町村から改めて通知書が届くので、これも注意してください。

会社では住民税を特別徴収する

　住民税には、「普通徴収」と「特別徴収」があります。普通徴収とは、個人で納めることをいい、特別徴収とは、会社が給与から天引き（徴収）することをいいます。

　つまり特別徴収は、所得税の「源泉徴収」と同じ意味ということです。前述の市区町村から送られてくる通知書は、正しくは「**特別徴収税額通知書**」といいます。

　会社に勤務する従業員については、原則として会社が特別徴収をして住民税を納付することとされています。したがって、給与支払報告書を市区町村に提出する際には、普通徴収にするか特別徴収にするのかの記入欄があるので「特別徴収」を選択します。

　ただし、以下にあげる場合には、普通徴収を選択します。
①総受給者数が2名以下の事業所（下記②〜⑥に該当するすべて（他の市区町村分を含む）の従業員数を差し引いた人数）
②他の事業所で特別徴収している場合（所得税を計算する際に税額表の乙欄に該当する従業員や扶養控除等申告書の提出がない従業員を含む）
③給与額が少なく住民税額を引けない場合
④給与の支払いが不定期である場合
⑤退職者または退職予定者
⑥休職者（休職により4月1日時点で給与の支払いを受けていない場合に限る）

　なお、退職者が出た場合は、その人の給与支払報告書を提出する市区町村に、「給与支払報告・特別徴収にかかる給与所得者異動届出書」も提出することになっています。

賃金控除に関する協定書とは

　給与計算では、法律で定められた社会保険料や税金は、労働者の同意がなくても、当然に給与から差し引くことができます。これらは、法に定められているので**「法定控除」**と呼んでいます。

　会社によっては、社員旅行の積立金や親睦会費等を給与から天引きする場合（**協定控除**）もあるでしょう。こうした法定控除以外の積立金等を給与から勝手に控除することはできません。

　この場合は、給与から控除する項目を労使で協議し、事前に「労使協定」を締結しておく必要があります。これは**「賃金控除に関する協定」**と呼んでいますが、協定書は、たとえば以下のような内容になります。

賃金控除に関する協定書

　株式会社○○○○と同社労働組合は、労働基準法第24条第1項ただし書きにもとづき、賃金控除に関し、下記のとおり協定する。

　　　　　　　　　　記

1. 株式会社○○○○は、毎月25日、賃金支払いの際に、次のものを控除して支払うことができる。
   - （1）年1回行なわれる社員旅行の積立金
   - （2）社員親睦会「○○倶楽部」の会費
   - （3）労働組合費
   - （4）財形貯蓄の積立金
   - （5）団体生命保険料

5章

就業規則や協定書の整備のしかた

就業規則は会社の憲法である！

そもそも就業規則とは何か

「就業規則」とは、会社と従業員の相互が就業上、守るべき規律や具体的な労働条件を定めたもので、労働基準法にもとづいて作成する会社のルールブックです。

常時10人以上の従業員がいる会社は、就業規則を作成または変更した際には、労働組合または過半数以上の従業員から選任された代表者の意見を聴き、事業所管轄の労働基準監督署（労基署）に提出することが義務づけられています。

就業規則に記載する内容は大きく分けて「**絶対的必要記載事項**」（絶対に記載が必要な事項）、「**相対的必要記載事項**」（定める場合は絶対に記載が必要な事項）、「**任意記載事項**」（会社が任意に定める事項）の3つがあり、次ページ図がその具体的な内容です。

服務規律はできるだけ規定しておこう

「**服務規律**」は、任意の記載事項となっていますが、従業員が就労するうえでの最低限のルールであり、会社の秩序維持のためには大変重要な決めごとなので、就業規則には必ず記載するようにしてください。

もし記載しなければ、たとえば仕事をさぼったり、遅刻を繰り返したり、セクハラやパワハラをする従業員がいたとしても、服務規律違反として罰則を科すことがむずかしくなり、就業規則に記載することで初めて、制裁適用の根拠となるのです。

また、就業規則（服務規律）は作成し、労基署に提出しただけでは効力が発生せず、**従業員に周知する**ことで初めて効力が発生します。具体的な周知方法は、次のとおりです。

◎就業規則に記載する内容◎

絶対的必要記載事項

① **労働時間に関すること**…始業および終業の時間、休憩時間、休日、休暇（有給休暇等）、就業時転換
② **賃金に関する事項**…賃金の決定方法、賃金の計算方法、賃金の支払方法、賃金の締切日および支払日、昇給
③ **退職に関する事項**…退職・解雇の事由、退職・解雇・定年の際の手続き

相対的必要記載事項

- 退職金に関する事項（対象者、決定方法、支給方法、支給時期、減額等）
- 臨時の賃金（賞与、臨時の賃金）
- 最低賃金
- 食費、作業用品、その他従業員負担
- 安全および衛生
- 災害補償および業務外の傷病扶助（法定、法定外の保障内容）
- 表彰、制裁
- その他、会社の全従業員に適用される定め（転勤や配置転換、休職、福利厚生等）

任意記載事項

- 就業規則の目的や根本精神
- 服務規律

- 常時事業場の見やすい場所に掲示、または備え付ける
- 書面を従業員に交付する
- 磁気テープや磁気ディスクその他これらに準ずるものに記録し、かつ各事業場に当該記録の内容を常時確認できる機器を設置する

34 休職制度の定め方と注意点

休職にもいろいろな種類がある

　前項で、就業規則を作成する際に記載が義務づけられている事項と、相対的必要記載事項を紹介しましたが、「**休職制度**」は後者の相対的必要記載事項です。導入するかしないかは会社の判断に委ねられており、その内容も自由に決めることができます。

　休職事由には、一般的に下記のような種類があります。このうち出向休職以外の休職は、業務外の事由により、通常の労務の提供が困難となった場合に、一定の期間、従業員の地位を維持したまま労務の提供を停止して、解雇を猶予することです。休職制度を決める際には、まず、対象者と休職の事由について定めます。

- **病気（私傷病）休職**…業務外の疾病のため長期の欠勤を必要とするもの
- **事故休職**…疾病以外の事故により欠勤を必要とするもの
- **起訴休職**…刑事事件で起訴されたため就労を禁止するもの
- **出向休職**…他社への出向によるもの
- **私事休職**…海外留学やボランティア活動等の自己都合によるもの

　次に、**休職の期間**を定めます。全従業員一律とすることもあれば、勤続年数や貢献度に応じて段階的に期間を長く設定することもあります。また、試用期間中など入社間もない従業員には適用しないとする会社もあります。

　休職開始の手続きについては、どのようなタイミングで会社が休職とするかを就業規則に定めておきましょう。病気休職の場合なら、

休み始めから何日以上経過したら休職扱いとするか、また私事休職の場合は、休職の何日前までに会社に申請するかなどを規定しておきます。

休職開始時には**休職辞令**を発布して、休職期間、休職期間中の連絡方法や連絡先、休職満了時に復職ができなかった場合の取扱いについて辞令に記載しておきましょう。

休職期間中の取扱い

休職期間中の賃金については、**ノーワーク・ノーペイの原則**が適用されるので、無給となります。たとえば、私傷病による長期休職時は健康保険から傷病手当金の給付を受けられますが、給料は０円となるので、給与から引ききれない社会保険料の自己負担分や住民税の特別徴収額を、従業員から徴収することになります。この徴収方法についても休職辞令に記載しておくとよいでしょう。

休職満了時の取扱いや、復職時のルールについても明記が必須です。休職期間中に休職事由が消滅または休職期間が満了すれば、私傷病休職や事故休職の場合は、医師の診断書や主治医に意見聴取のうえ、会社が復職の可否を判断することになります。

特に問題がなければ原則として現職へ復帰となりますが、引き続き休職が必要で復職が困難な場合は、休職期間の延長、自然退職、解雇のいずれとするかを規定し、手続きを行ないます。特に最近では、メンタル不調で長期休職となる従業員が増えており、従業員が復帰を希望しても会社は難しいと判断するケースがあるので、トラブル防止のため医師等の意見聴取以外にも**従業員の家族の理解を求める**など、最善の判断ができるよう留意してください。

休職制度には、従業員がもしものときも安心して働けることや、休職満了時のトラブル防止等のメリットがありますが、休職期間を長期に設定すると、社会保険料の会社負担が増えたり、他の従業員への業務上の負担が増えることもあります。したがって、休職制度の導入や、休職期間の設定については慎重に検討してください。

35 給与規程のつくり方と注意点

就業規則と同様の要件がある

　賃金に関する事項は、就業規則の作成上、必ず記載することが必要な「絶対的必要記載事項」となっており、退職金や賞与等に関する事項は「相対的必要記載事項」です。

　賃金については、詳細な取り決めが必要なこともあり、就業規則とは別の付属規程として「**給与規程**」（賃金規程）を作成することが一般的です。

　給与規程についても就業規則と同様に、**常時10人以上の従業員**がいる会社は、作成または変更の際には、労働組合または過半数以上の従業員から選任された代表者の意見を聴き、事業所管轄の労働基準監督署に提出し、従業員に周知することが義務づけられています。

　給与規程に記載する具体的な項目は、次ページ図のとおりです。

働き方改革関連法への対応が必要

　今後、給与規程を作成するうえで留意が必要なのは、「**同一労働・同一賃金」への対応**です。

　これは、正規雇用と非正規雇用の従業員との間で雇用形態に関わらず、業務の内容等に応じて賃金を決定する制度で、不合理な待遇格差の解消を目的に2016年12月に厚生労働省より「同一労働同一賃金ガイドライン（案）」が提出されました。

　現時点では「案」なので法的拘束力はありませんが、2018年6月に可決した働き方改革関連法では、上記対応について大企業では2020年4月、中小企業では2021年4月から施行されることになっており、今後より踏み込んだガイドラインが提出される予定です。

◎賃金規程に記載する内容◎

絶対的必要記載事項

①**賃金の決定、計算方法**…基本給（時給制、日給制、月給制等）、諸手当（役付手当、技能手当、家族手当、住宅手当、通勤手当、精勤手当等）、割増賃金（時間外・休日・深夜労働割増賃金）といった賃金を構成する要素を記載します。基本給の決定方針や、諸手当の内容、支給条件、具体的な金額が決まっていれば明記してください。遅刻・早退や欠勤した際の控除方法、割増賃金の計算方法、途中入退社の従業員に対する日割賃金の計算方法も明記しましょう。

②**賃金の支払方法、締切日、支払日**…支払方法については、現金支給か振込みにするか、また支給単位期間と締め日、支払日（金融機関休業日の場合は繰上げまたは繰下げ）も明記しましょう。

③**昇給**…昇給について時期が決まっていれば記載します。不定期や随時の場合はその旨を記載してください。

相対的必要記載事項

①**賞与や臨時の賃金に関する事項**…賞与や臨時の賃金（歩合給、インセティブ等）を支給する時期や支給条件があれば記載してください。

②**退職金制度に関する事項**…退職金を支給する対象者、計算方法、支給方法（一時金、年金）、支給時期を記載してください。

　具体的な対応としては、基本給や賞与、各種手当について、支給の目的や性質、支給額の合理的な理由が説明できるように、正規従業員と非正規従業員の間の均衡を考慮した賃金決定が必要となるでしょう。

36 就業形態別の就業規則と付属規程の必要性

非正規従業員用の就業規則を

就業規則は、会社で就労する従業員に適用するルールブックですが、一口に従業員といっても、正社員だけでなく就業形態の異なるさまざまな従業員も在籍しています。

たとえば、契約社員、嘱託社員、派遣社員、パートタイマー、アルバイトなどをいいますが、これらの従業員にも適用させるために就業規則のみでは困難な場合には、**正社員用とは別**に以下のような**就業形態別の就業規則**を作成するとよいでしょう。

- ● 契約社員就業規則
- ● 嘱託規程（再雇用規程）
- ● 派遣社員就業規則
- ● パート・アルバイト就業規則

就業規則とは別に付属規程の作成を

また、給与規程のように詳細な記載が必要で、就業規則にすべてを盛り込むとボリュームが増えて読みにくくなるため、就業規則には骨子のみ記載し、別規程として作成したほうがよい場合があります。そこで、就業規則の付属規程とその内容について紹介しておきましょう。

- ● 退職金規程…退職金の支給対象者や計算方法、支給方法などを規定。減額や不支給とする場合は、その旨も明記することが必要です。
- ● 育児・介護休業規程…育児休業、介護休業の対象者や申請方法、

休業取得期間について規定。
- **慶弔見舞金規程**…従業員および近親者の結婚、出産、死亡、災害罹災の際の特別休暇日数やお祝い金、見舞金について規定。
- **出張・旅費規程**…国内や海外出張における適用範囲、経費（日当）等について規定。
- **出向・転勤規程**…出向（在籍）・転勤の目的、期間、身分、労働条件等について規定。
- **ハラスメント規程**…セクシュアルハラスメントやパワーハラスメント、マタニティハラスメントに関して規定。
- **車両管理規程**…業務で社有車を使用する場合について規定。
- **マイカー通勤規程**…通勤にマイカー（バイク、自転車を含む）を使用する場合について規定。
- **在宅勤務（テレワーク）規程**…在宅勤務の対象者、期間、就業時間や就業場所等について規定。
- **競業避止規程**…競業避止の対象者や、競業を禁止する行為、競業禁止期間、職種、罰則等について規定。
- **安全衛生委員会規程**…安全衛生委員会の委員の選出や運営方法等について規定。
- **マイナンバー管理規程**…マイナンバーの取得、管理、廃棄方法、取扱者等について規定。
- **機密管理規程**…会社の機密情報の保護、管理、漏えい防止等について規定。

　以上の就業規則・別規程については、もちろん無理に規程化する必要はありません。それぞれの会社で、どの規程が必要か、不要かを判断して作成してください。
　また、就業規則・別規程の作成、変更後の労働基準監督署への届出については、全従業員に適用する定めがある場合、または一定の範囲の従業員にのみ適用する場合でもその他の従業員が適用を受ける可能性がある場合には、届出が必要となります。

37 絶対に忘れてはならない３６協定

３６協定はなぜ重要なのか？

よく耳にする「３６（サブロク）協定」ですが、正しい名称は「**時間外労働・休日労働に関する協定届**」で、労働基準法36条に規定されていることから一般的に「３６協定」と呼ばれています。

労働基準法では、法定労働時間が定められており、１日８時間、週40時間までしか労働できません。それを超えて労働させてしまうと処罰の対象となります（変形労働時間制を除きます）。

しかし、どうしても繁忙期や突発の業務等により、やむを得ず法定労働時間を超えて勤務せざるを得ないこともあるでしょう。そこで、労使で合意した場合に限り、一定の上限（表１参照）を設けたうえで法定労働時間を超えて勤務することが認められています。

つまり、この労使で合意をした協定が「３６協定」であり、締結すると処罰が免除される効果があり、労働基準監督署に提出することで初めて効力が発生します。なお、会社単位ではなく、事業所単位で所轄の労働基準監督署に提出します。

意外と勘違いが多いのですが、３６協定を提出さえすれば、法定労働時間を超えて残業をさせることができる、というわけではありません。あくまでも残業をさせる根拠は、就業規則や労働契約にあるので、残業がある場合はその旨をしっかりと明記してください。

３６協定で必要な協定事項は次のとおりです。
- 時間外労働（休日労働）をさせる必要のある具体的理由と業務の種類、労働者数
- １日を超える一定期間について延長できる時間数
- 所定休日および労働させることができる休日と始業・終業時間
- 有効期間

以上について協定のうえ、過半数以上で組織された労働組合または過半数以上の従業員から選任された労働者代表者と会社代表者がそれぞれ協定書に署名、捺印をします。なお、締結後の３６協定には従業員への周知義務があるので、徹底するようにしてください。

３６協定にはもう一種類、「**特別条項付き３６協定**」と呼ばれるものがあります。

緊急時や納期のひっ迫等、臨時的に時間外労働を行なう特別の事情が予想される場合について、１年のうち６か月に限り、**表1**の限度時間を超えて上限なく延長時間を設定することができます。

【表1】

期間	限度基準	期間	限度基準
1日	定めなし	1か月	45時間
1週間	15時間	2か月	81時間
2週間	27時間	3か月	120時間
4週間	43時間	1年	360時間

（※）法改正後は、１日、１か月、１年の3種類のみ協定します。

【表2】

中小企業事業主の範囲 ①または②の要件を満たす企業が中小企業になります		
業種	①資本金の額または出資の総額	②常時使用する労働者数（企業全体）
小売業	5,000万円以下	50人以下
サービス業	5,000万円以下	100人以下
卸売業	1億円以下	100人以下
その他	3億円以下	300人以下

ただし、働き方改革関連法によって2019年４月から大企業、2020年４月からは中小企業（**表2**参照）が設定する延長時間には、上限が設けられることになりました。具体的には、休日労働を含まず年間で720時間、休日労働を含み単月で100時間未満、複数月平均（２〜６か月）で80時間以下となっています。

この法改正により、**表1**の上限時間は告示から法律として定められ、違反に対しては罰則（６か月以下の懲役または30万円以下の罰金）が適用されることになったので、より法令遵守に努めましょう。

38 ３６協定以外の労使協定とは

届出が必要な労使協定

　労使協定には、「３６協定」や「特別条項付き３６協定」以外にもいろいろな種類があります。

　ここでは、締結後、労働基準監督署に届出が必要なものと不要なものについて、それぞれ主な労使協定を紹介しておきましょう。まず、届出が必要な労使協定は以下のとおりです。

●預貯金の管理に関する労使協定

　社内預金制度を会社で行なう場合には、労使協定が必要。労働基準法では、労働契約に付随して強制的に預貯金を管理する「強制貯金」を禁じていますが、労使協定を締結することで、一定の条件のもとで可能となります。

●１か月単位の変形労働時間制に関する労使協定

　１か月以内の一定の期間を平均して週40時間以下で労働させる場合には労使協定が必要。ただし、就業規則で定めている場合は労基署への提出は不要です。

●１年単位の変形労働時間制に関する労使協定

　１年以内の一定の期間を平均して週40時間以下で労働させる場合には労使協定が必要。

●専門業務型裁量労働制に関する労使協定

　業務の性質上、遂行方法を大幅に従業員の裁量にゆだねる必要があり、会社による労働時間の指示、配分が難しい場合には労使協定が必要。

●事業場外労働のみなし労働時間制に関する労使協定

　ただし、事業場外労働が法定労働時間以内である場合は、労基署への提出は不要です。

- ●時間外労働に対する割増賃金を代替休暇とする労使協定

　月60時間超にかかる割増賃金を代替休暇として与える場合には労使協定が必要。

📝 届出が不要な労使協定

- ●賃金控除に関する労使協定

　賃金から法定控除以外のものを控除する場合には労使協定が必要。

- ●フレックスタイムに関する労使協定

　従業員が、自主的に始業・終業の時間を定める場合には労使協定が必要。2019年4月より清算期間1か月超の場合は届出も必要。

- ●一斉休憩の適用除外に関する労使協定

　労働基準法では、休憩時間は原則として一斉に付与しなければなりませんが、この規定を除外する場合には労使協定が必要。

- ●年次有給休暇の計画的付与に関する労使協定

　従業員に付与した年次有給休暇の5日を超える分について、会社が指定する日に付与する場合には労使協定が必要。

- ●年次有給休暇の時間単位付与に関する労使協定

　1年に5日分を限度に、時間単位で年次有給休暇を付与する場合には労使協定が必要。

- ●年次有給休暇の賃金を標準報酬日額とする労使協定

　年次有給休暇を標準報酬日額（標準報酬月額÷30日）で付与する場合には労使協定が必要。

- ●育児休業の適用除外者の範囲に関する労使協定

　育児休業、子の看護休暇、所定外労働の免除、育児短時間勤務について適用除外者を定める場合には労使協定が必要。

- ●介護休業の適用除外者の範囲に関する労使協定

　介護休業について適用除外者を定める場合には労使協定が必要。

　なお、これらの労使協定については届出の有無にかかわらず、就業規則への規定および周知義務がありますので、従業員がいつでも閲覧できるようにしておきましょう。

３６協定書は新様式に

「働き方改革関連法」により時間外労働の上限規制が導入されたことに伴い、2019年4月1日以降は「３６協定」に関する様式が変更となります。そこで、旧様式と新様式の変更点を確認しておきましょう。

大きな変更点は、「**一般条項のみの３６協定**」と「**特別条項付き３６協定**」の２種類に様式が分かれることです。

新様式では、共通して以下２点の記載が追加になります。
①労働保険番号、法人番号
②チェックボックスに「時間外労働及び休日労働を合算した時間数は、１箇月について100時間未満でなければならず、かつ２箇月から６箇月までを平均して、80時間を超過しないこと」欄が設けられる（チェックボックスのチェックが漏れると届出が無効となるので、必ずチェックしてください）

また、特別条項付き３６協定の様式は、限度時間について定める１枚目と、限度時間を超える特別条項を定める２枚目に分かれます。特に、２枚目には以下３点の記載が追加になります。
①「臨時的に限度時間を超えて労働させることができる場合」
　具体的なケースを業務の種類ごとに記載してください。
②「限度時間を超えて労働させる場合における手続き」
　労使で協議して決定する場合は、議事録や通知書等の作成も必要です。
③「限度時間を超えて労働させる労働者に対する健康および福祉を確保するための措置」
　様式に掲げられた10項目から選択し、番号と具体的内容を記載してください。

6章

人事評価と研修のやり方と実務ポイント

- 人事評価
- 目標管理
- 職務権限
- 社員研修
- OJT

人事評価制度の意義

中小企業には人事評価制度がない？

「人事評価制度」についての導入や制度設計について、法律上、義務づけられていることは特にありません。

実際に中小零細企業では、人事評価制度を設定していない会社も多く見受けられます。それは、社員1人ひとりの能力、勤務態度、成果などは、経営者の目の届く範囲の規模だからということと、いったん制度化すると経営者のサジ加減がしにくくなるなどの理由があるからです。

こうした中小企業経営者の頭のなかには、一定の評価基準のモノサシが埋め込まれている、というように考えることもできます。

人事評価制度がなかったら

しかし、一定規模の範囲を超えて経営者の目が届かなくなった企業の場合は、個々の従業員の能力、スキル、勤務態度、成果等を測るモノサシがなければ、従業員はすべて一律の昇給、賞与、昇格等で処遇を決定するという結果にならざるを得ません。

そうした場合、一生懸命に努力を重ねて会社に貢献している人と、怠惰に勤務して貢献度の少ない人との処遇に差がないということになります。しまいには、従業員は努力をすることが馬鹿らしくなって、モチベーションが下がってしまい、最終的には会社の業績も下降するという悪循環に陥ることになるはずです。

人事評価制度は何のためにあるのか

人事評価制度の意義とは、こうした悪循環のスパイラルに陥らないよう社員のモチベーションを維持し、「働きがい」のある環境を

つくる役割を担っている、ということです。

また、別の役割として、個々のキャリアアップを正しく把握し、成長を支援する機能も持ち合わせています。

人事評価は、1年間でどのくらい目標をクリアしたか、どれくらいスキルがアップしたか——といったことを指標とすることで、その人の**成長を促す育成機能の役割**もあるといえるでしょう。

さらには、会社に人事評価制度があることで、**組織の規律性を維持する役割**も結果的には持っている、ということもいえます。

どういうことかというと、評価者と被評価者との間には、「この人の指示命令に従わなければ人事評価が悪くなる」という意識が必ず働きます。結果として、組織の規律性が維持されるという現実があるのです。

これは、本来の人事評価制度の目的ではありませんが、結果的にそうした側面もあることは、理解しておいたほうがいいでしょう。

だからこそ、管理職の役割が重要であるという認識が深まるのです。人事評価制度がある会社には、**管理職研修**のカリキュラムに評価者研修が必ず存在しているのは、そうしたことも一要因としてあるのでしょう。

人事評価の結果は退職金、人事異動にも反映

人事評価の結果は、昇給、賞与、昇格等の処遇に反映することになりますが、場合によっては、評価をポイント化した**ポイント制退職金**のように、退職金にまで評価が反映される場合もあります。

また、人事評価の結果は間接的には、適正配置を考慮した**人事異動**（配置転換、職種転換、出向、転籍等）にも応用されることになります。

当然ながら、昇格と連動した役職任用の人事査定も、人事評価の積上げの結果により、間接的な影響を及ぼすことになります。

これらの点を総合的に考慮すると、人事評価の意義、役割は会社の成長に大きく寄与していることがわかります。

40 人事評価制度と目標管理制度

 評価項目の設定のしかた

　従業員は一般的に、新入社員として教育・指導を受けて知識、技能を修得していく「初級レベル」、中堅社員として部下を指導しながら実務を担う「中級レベル」、所属する部下の業務をコントロールしながら業務の成果を達成する「上級レベル」に区分されます。

　このように役割を等級化すると、より明確に従業員を区分することになりますが、どこの区分に該当するかという判断基準として人事評価制度が存在することにもなります。

　一般的な評価項目としては、①情意評価、②能力評価、③成果評価と3つに区分することが多いですが、上位の区分になるほど①から③の評価ウエートは高くなります。

　個々の評価項目としては、以下のようなものがあげられますが、等級ごと、職種ごとに会社がどこを重要視するかによって、評価項目やウエートをカスタマイズして評価シートを作成します。

- ●**情意評価**…規律性、協調性、積極性、責任性など
- ●**能力評価**…正確性、迅速性、技術力、応用力、マネジメント力、分析力、育成力、報告力、企画力、統率力など
- ●**成績評価**…達成度、顧客満足度、業務成績など

　次ページに簡単なサンプルシートを掲載しておきますので参考にしてください。

 目標管理制度の役割

　人事評価制度と関連して、**目標管理制度**を導入する会社も多いでしょう。一定期間を定めて各人が達成すべき目標を設定します。

　上司と相談しながら経営方針の方向性に合わせ、かつ個々の職級

◎「人事考課表」のサンプル◎

所　属				氏　名					
評価期間	年　月　日　～　　年　月　日								
考課要素	着眼点	評価							
規律性	職場の秩序を乱すようなことはなかったか。遅刻・欠勤はなかったか。規則等遵守して業務に励んだか。	S 6	A 4	B 3	C 2	D 1			
協調性	上司・同僚との人間関係に気を配って仕事をしているか。職場の和を乱していないか。	S 6	A 4	B 3	C 2	D 1			
積極性	与えられた仕事に前向きな姿勢で取り組んだか。仕事に対して不平不満を言うことはなかったか。	S 6	A 4	B 3	C 2	D 1			
責任性	与えられた仕事に対する責任感が感じられるか。仕事においていい加減な態度をとることはなかったか。	S 6	A 4	B 3	C 2	D 1			
応用力	臨機応変に仕事をしているか。固定観念にとらわれず、新しい発想をしているか。	S 6	A 4	B 3	C 2	D 1			
報告力	参考になる情報は、他の社員にも伝えているか。上司に報告・連絡・相談は行なっているか。	S 6	A 4	B 3	C 2	D 1			
統率力	グループをまとめあげて、チーム一体となって業務を推進するリーダーとしての役割を果たせたか。	S 14	A 10	B 8	C 6	D 4			
業務成績	与えられたノルマに対し成績は達成されているか。	S 50	A 40	B 30	C 20	D 10			
所見	考課者 　一次　氏名：　　　　　　印 　二次　氏名：　　　　　　印 　最終　氏名：　　　　　　印								

レベルに適合した目標を設定します。期末になったら、期首に設定した目標の達成度に応じて評価が行なわれます。

41 組織の整備と職務権限のあり方

組織体制を整備しておく

　会社が目的に向かって一体的、機能的な活動をするためには、すべての従業員に対して、会社のビジョンや業務指針、社内ルールなどを浸透させる必要があります。つまり、経営トップの方針が末端の従業員まで伝達していく体制の整備が必要です。

　一般的には、ピラミッド型の組織体制のもとに、経営者の運営方針が管理職層、中間層、一般従業員層へと上意下達となっていくことになります。

　また、どこの会社でも**組織図**を作成して、会社の組織や人事配置がどのようになっているかを一目でわかるようにしておきます。

　一般の株式会社では、「**取締役**」が経営者にあたり、会社経営を担います。取締役は株主総会で選任され、そのなかから**代表取締役**を選出します。さらに、取締役のなかから専務取締役、常務取締役のように業務執行の格付けを行なうことが多いですが、専務や常務については会社法上の定義は特にありません。ただし、一般的には代表取締役に次ぐ権限や責任を持つ役割を担っています。

　組織ごとのリーダーには、部長、課長、係長、主任などの職位名称がつけられ、各部門の部下たちを統率し、指揮していく役割が与えらます。ＩＴ環境が急速に進み、情報伝達のしくみも大きく変化しつつある昨今では、自社の組織体制をどのようにすべきかについて検討する余地があるでしょう。

職務権限を決めておく

　組織体制が整備されると、それぞれの職位に従事する**役職者の権限**を明確にしておく必要があります。

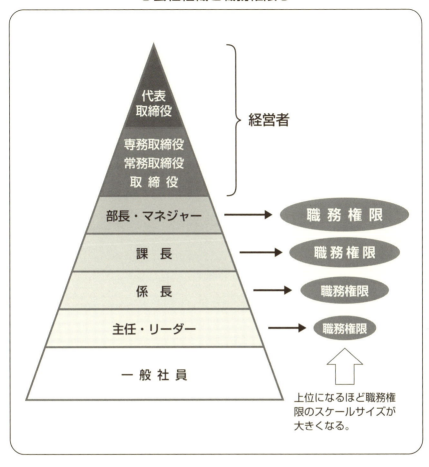

◎会社組織と職務権限◎

上位になるほど職務権限のスケールサイズが大きくなる。

　たとえば、係長が1本のボールペンのために社長の決裁がなければ購入できないとしたら、業務はスムーズに運営できなくなります。では、100万円を超えるような社有車を、係長が上司の承認もなく購入することができるかといえば、それも一般的にはできません。
　このように、どこまでの範囲なら、係長が承認を要さない権限を保有しているかを明確にしておく必要があります。この権限を文章化したものが「**職務権限規程**」であり、さらに権限の範囲を細かく別表にしておくケースも見られます。

研修制度のいろいろ

 研修制度の意義と注意点

　会社が継続して業績を上げていくには、従業員のスキルアップを常に図っていかなければなりません。顧客サービス、製品・商品の品質向上、営業力向上などに直接つながっているからです。

　そのために会社は、**研修活動を継続して行なっていくことになり**ます。

　研修の種類は多岐にわたりますが、たとえば新入社員研修、中間管理職研修、一般社員研修などの職階グレードに分けて行なうものや、技術者研修、コンプライアンス研修、ハラスメント研修のように、職種別やテーマ別の研修もあります。

　また、実務を行ないながら、先輩から業務の教育指導を受ける**OJT**（On the Job Training）方式、座学やグループ討議などセミナー式の**Off-JT**（Off the Job Training）方式など、そのやり方もさまざまです。

　OJTで注意しなければいけないのは、**現場サイドにお任せにしてしまうこと**です。

　たしかに新人社員は、先輩から実務のなかで覚えていくことが多いのですが、繁忙期になるとおろそかになったり、実務主導に偏って体系的な理解ができなくなってしまうことがあります。

　人事総務部門としては、こうしたことがないように、現場部門と連携してリードしていく必要があります。

 受講費用の会社援助や国の助成金制度も活用する

　会社が行なう研修とは別に、業務に関連したスキルアップのために、外部機関で受講し、自己研さんに励む社員もいます。この場合、

◎研修の種類はこんなにある◎

職階別研修

- 内定者研修
- 新入社員研修
- リーダー養成研修
- 中間管理職研修
- 上位管理職研修
- 経営者養成研修

目的別研修

- 倫理研修
- ビジネスマナー研修
- ビジネス文書・メール研修
- コミュニケーション研修
- メンタルヘルス研修
- 語学研修
- 営業研修
- 健康管理研修
- 人事評価研修
- 就業規則研修
- コンプライアンス研修
- ハラスメント研修
- ＰＣ、ＩＴ情報、情報保護研修
- 技術者スキルアップ研修
- 福利厚生研修
- 定年前研修

　外部研修を受ける社員に対して、会社が受講費用を補助する制度を導入している会社もあります。
　なお、企業が行なう研修には「人材開発支援助成金」という国の助成金制度を活用できる場合があります。研修制度に対する助成金の種類や要件もかなり細かく決められているので、厚生労働省のホームページなどで確認してみてください。

社員研修はどのように行なうか

 研修内容の検討が必要

　社員研修の企画立案は、人事部門としてどのような人事計画を設定し、社員のキャリア形成をどのように支援していくかという意味で、非常に重要な人事政策であり、欠かすことのできない業務の1つです。

　また社員研修には、日常の業務がマンネリ化してしまい、業務改善のための士気が下がっており、発想の新たな展開が描けないなどといった沈滞ムードが漂う空気を一掃する役割もあります。

　単年度ではなく、長期的な視野で人事政策を構築し、計画的な研修を実施していくうえで、各種研修の内容について検討を重ねましょう。

 主な研修テーマとその内容

【新入社員研修】
　就業規則等の社内ルールの周知や、電話応対・接客応対のしかた、上司への報・連・相、その他会社内外でのコミュニケーション方法や作法などについて研修します。

【管理職研修】
　会社の業務運営に関して、もっとも重要で中心的役割を担う研修です。管理職の動向により、部下もそれに従って動くので、部下への会社方針やビジョン・社内ルールの周知、チームビルディング構築などその役割は大きいといえるでしょう。

【人事評価研修】
　人事評価にかかわる注意点や評価者のさまざまなエラー等を修得するための重要な研修です。評価者によってバラバラな基準で恣意

的に人事評価が行なわれると、部下のモチベーションに大きく影響してしまうため、どの会社でも必須の研修と位置づけています。

【コンプライアンス研修】

　各業界には特有の業法というものがあり、業務に関係しているケースが多くあります。たとえば、中古車販売業であれば古物営業法、リース販売業であれば割賦販売法、保険商品の販売業であれば保険業法などのように、業務を遂行するうえで必要な知識を習得しておかなければなりません。そもそもコンプライアンス経営は、近年は特に重要視されているので、実務担当者への周知を怠ることがないようにしたいものです。

【ハラスメント研修】

　9章でも説明しますが、近年、個別労使紛争のトップは「ハラスメント」となっています。たとえば、セクシャルハラスメントは男女雇用機会均等法、マタニティハラスメントは育児休業法等を根拠として、企業の防止措置義務が課されています。また、パワーハラスメントにも法的根拠を与えようと、政府は検討の段階に入っています。

　これらのハラスメントは問題が重篤化すると、被害者のメンタルヘルス不全を引き起こし、労働災害として認定されると民事的な損害賠償をしなければならない事案となることがあります。

　ハラスメント研修は、これらの事案について重要な周知の機会になるので、コンスタントに行なうべき必須研修の1つといえるでしょう。

【ＩＴ関連研修】

　昨今、会社のＩＴ活用は急速に進んでいます。働き方改革のなかでも、ＩＴの活用により業務をいかに効率化するかは、どこの会社でも重要なテーマです。

　ＩＴ端末やクラウドソフト利用における作業手法や、会社の機密情報、個人情報等の漏えい防止対策にも、この研修による周知が重要視されています。

人事評価におけるエラーとは

　「人事評価」は公平・中立な立場で行なわなければなりませんが、心理的、時間的な問題でエラーが起きてしまうことがあります。
　以下にさまざまなエラーの例をあげておくので、参考にしてください。

【ハロー効果】
　ひとつの優れた（劣った）点にひきづられて、他の評価項目も優れた（劣った）評価をしてしまうこと。
【寛大化傾向】
　全体的に評価が甘すぎること。
【厳格化傾向】
　全体的に評価が厳しすぎること（寛大化傾向の反対）。
【中心化傾向】
　評価がすべて真ん中に集中してしまうこと。
【極端化傾向】
　評価のよい・悪いが極端であること（中心化傾向の反対）。
【対比誤差】
　常に自分と対比して評価してしまうこと。
【論理誤差】
　たとえば、高学歴だから何でもできるはず、と勝手に論理づけしてしまうこと。
【期末誤差】
　評価期間の期末に、よい（悪い）評価事案があった印象のまま、すべてによい（悪い）評価をつけてしまうこと。

7章

リスク管理に欠かせない労務コンプライアンスの考え方

労働時間管理

未払い賃金

管理監督者

安全衛生管理

退職解雇

44 労働時間の管理のしかた

労働時間とは何か

　2017年1月に「労働時間の適正な把握のために使用者が講ずべき措置に関するガイドライン」（以下「ガイドライン」）が厚生労働省で策定され、会社には従業員（労基法上の管理監督者、みなし労働時間制が適用される従業員は除く）の**労働時間を適正に把握する責務**があることが示されました。

　そもそも**労働時間**とは、労働者が**会社の指揮命令下に置かれている時間**のことをいい、**会社の明示あるいは黙示の指示により行なう業務**も含まれます。たとえば、参加が義務づけられている**研修や教育訓練**、指示があればすぐ業務に従事するための**待機時間**などもこれに含まれています。逆に、私用の会話や電話、トイレや喫煙の時間は指揮命令下にはないので、労働時間には含まれません。

労働時間の適正な把握のしかた

　会社は労働時間を適正に把握するために、従業員の**労働日ごとの始業・終業時刻を確認**し、**記録**することが必要です。ガイドラインでは、その原則的な方法として次の2つが示されています。
①会社が自ら現認する
②タイムカード、ICカード、パソコンの使用時間の記録等の客観的な記録をもとに記録する

　また、従業員の自己申告により始業・終業時刻の記録、確認を行なう場合は、ガイドラインを踏まえて適正に申告するよう従業員に十分に説明することや、自己申告した労働時間を超えて事業所に残留している場合は、理由を確認して必要があれば労働時間の補正をする必要がある旨が記載されています。

◎ガイドラインと2019年4月からの法改正との比較◎

	ガイドライン	2019年4月からの法改正
労働時間把握の義務	根拠条文なし	労働安全衛生法施行規則に明記
適用対象	労働基準法第41条に定める者（管理監督者）および、みなし労働時間制が適用される労働者を除くすべての労働者	すべての労働者
労働時間の把握方法	①使用者が自ら現認 ②タイムカード、ＩＣカード、パソコン等による客観的な記録 ③従業員による自己申告	左の①、②、③のいずれでもよいが、客観的な根拠がないと認められない可能性あり

 労働時間の把握は義務化された

　会社は、把握した従業員ごとの労働日数、労働時間数（時間外・休日・深夜労働時間数を含む）を**賃金台帳に適正に記入**しなければいけません。

　なお、作成した賃金台帳および出勤簿やタイムカード等、労働時間の記録に関する書類は、**最後の記載があった日から３年間の保存**が法により義務づけられています。

　これまで労働時間を把握する義務を直接、規定する法律は実はありませんでした。ところが、働き方改革関連法の成立により、2019年４月からは、**労働時間の把握が義務**として、**労働安全衛生法施行規則に明記**されました。ガイドラインとの大きな違いは、労働時間を把握する対象について**管理監督者を含むすべての従業員に拡大**した点、また把握する方法は**「客観的かつ適正な方法」**で行なわなければならない点があげられます。

　つまり、自己申告のみで、実際の労働時間を裏づける根拠がなければ認められないことになります。労働時間の管理は、労務管理を行なううえで最も重要なポイントです。適正に管理されているかどうか、改めて会社の体制を見直してみましょう。

45 忘れてはならない未払い賃金対策

弁護士事務所から突然、内容証明郵便が…

　会社とトラブルを起こした従業員が退職した日の翌日に突然、弁護士事務所から内容証明郵便が届き、確認すると退職した従業員から賃金の時効2年前まで遡って数百万円の未払い残業代の請求がきた…。

　近頃は、**未払い残業代**に関する情報が広く知れわたり、また未払い残業代請求に力を入れる弁護士事務所も増えてきており、このようなケースが非常に多くなりました。

　一度、内容証明が届くと、和解するか、あっせんで対処するか、裁判で争うかの判断をしますが、会社の労働時間の管理体制や、就業規則・給与規程に不備があったりした場合は、請求された金額をまるまる支払うことになる場合もあります。

　さらに、その退職した従業員が労働基準監督署にも通報したことにより、会社への立入り検査が行なわれ、他の従業員に対する未払い残業代の支払い命令を受けると、会社の規模にもよりますが数百万円から数千万円を支払うことになるケースもあります。

未払い賃金トラブルを未然に防ぐ対策を

　このように、未払い賃金対策を放置すれば、会社存続の危機を招く事態にもなりかねないわけですが、事前にしっかり対策を講じておけば、リスクは大幅に軽減することができます。そこで、必要な対策について、以下に紹介しておきましょう。

①労働時間を適切に把握し、記録を行ない管理する

　前項でも述べたように、タイムカードやICカード、パソコンによる使用時間の記録等の客観的な記録をもとに、労働時間を管理す

ることです。裁判等で争いになった際は、会社側に立証責任があり、勤怠に関する資料の提示が求められます。もし提示できない場合は、おおむね従業員が主張する勤怠情報をもって割増賃金の支払いが命じられることになります。

②残業の許可制または無許可の残業禁止を徹底し、黙認の残業を認めないようにする

タイムカード等を利用していても、たとえば始業の30分前に出社してタイムカード打刻後、ゆっくり新聞を読んだり朝食を食べたり、あるいは終業後、業務に関係のないネットサーフィンをした後にタイムカードを打刻したりと、必要のない業務をだらだらとやっていた場合には、タイムカードの労働時間イコール実際の労働時間とは限りません。

③割増賃金の計算方法を適正にする

基本給以外に各種手当を支給している会社も多いと思いますが、割増賃金単価の計算の基礎となる賃金に該当する手当を含めずに、誤った単価で割増賃金の計算をしているケースがあります。割増賃金単価を計算する方法として、1か月平均所定労働時間を定めて計算する場合についても、実態と異なっていないか注意が必要です。

④固定残業代の支給額が実態に即して支払われるようにする

実際の時間外労働の有無を問わず、残業代を定額で固定して固定残業代や手当に含んで支払う場合、実際の残業時間が固定残業代等に含まれている残業時間を超過した場合は、別途超過した分の残業代の支給が必要となります。

⑤労使協定や就業規則、雇用契約書等の整備、届出を行なう

労働時間に関する協定（３６協定、１年単位の変形労働時間制に関する協定等）の提出、更新、周知をきちんと行なってください。また、争いとなった際は上記③、④にあるように、残業代を計算するもとになる手当や計算方法、固定残業代の運用方法等の根拠が、就業規則や給与規程、雇用契約書等に明確に記載されていないと、口頭でいくら合意があったと主張しても無効になってしまいます。

46 管理監督者の範囲を知っておこう

会社職制上の「管理職」だから残業代は払わない？

「管理職だから残業代は支払わなくて大丈夫！」として、たとえば会社で定めた基準により、課長以上や店舗責任者等には残業代を支給していないケースがありますが、注意が必要です。

2008年1月の日本マクドナルド事件の裁判では、月100時間を超える時間外労働があり、休日出勤も多い入社2年目の店長が、残業代が支払われていないとして会社を訴えた結果、会社は敗訴し、500万円以上の残業代と休日労働手当の支払いを命じられました。いわゆる「**名ばかり管理職**」が問題となった大きな裁判でした。

この事件で争われたのが、管理職である店長が、**労働基準法上の管理監督者**であるかどうかでした。

労基法上の「管理監督者」とは

同様のトラブルの発生を未然に防ぐためにも、この「管理職」と「管理監督者」の違いについて、正しく理解しておきましょう。

次ページに「管理監督者の定義」をあげておきましたが、この基準をもとに管理監督者であるか否かを総合的に判断して、該当しない場合は管理職であっても通常の従業員同様に残業代の支給を行なうようにしてください。決して管理職＝管理監督者ではありません。

また、管理監督者は労基法上の労働時間、休憩、休日の規制からは外れ、残業代の支給も不要となりますが、以下の適用はありますので十分に注意してください。

①深夜割増賃金の支払い
②年次有給休暇の付与
③安全衛生法上の医師による面接指導等の健康管理に係る措置

◎「管理監督者」の定義◎

① 職務内容

　会社の経営方針にもとづき、担当部門の運営や予算管理、部下の労務管理等、労働時間、休憩、休日等の規制の枠を超えて活動せざるを得ないような重要な職務を、**経営者と一体的な立場で**遂行します。特に、経営者と一体的な立場であることが重要で、同様の職務内容であっても、経営者からの指示にもとづいて遂行しているようであれば管理監督者とはいえません。

② 責任と権限

　経営者と一体的な立場である以上は、当然、経営者から重大な責任と権限を委任されていることが必要です。具体的には、部門の運営方針や部下の配置や採用、賃金の決定といった**労働条件について自己の裁量で行なう**ことができ、これら労務管理に対する結果に対しても責任を負っています。

③ 勤務態様

　経営者と一体的な立場である以上、いつ何時も経営上の判断や対応をするために職務を遂行する必要があるので、就業規則に定められた始業・終業時間や休憩、休日といった制約を受けることなく、**出退勤等の時刻に関しては自由な裁量で決定**できます。始業・終業時刻が就業規則どおりとするよう会社から義務づけられている場合は、管理監督者とはいえません。

④ 賃金等について地位にふさわしい待遇

　経営者と一体的な立場であり、重要な職責や権限を有する以上、**一般の従業員と比較しても高い給与、賞与、その他の待遇**であることが必要です。「管理職になって残業代がつかなくなって給料が下がってしまった」という話をよく聞きますが、このような場合は管理監督者とはいえません。

7章 リスク管理に欠かせない労務コンプライアンスの考え方

47 安全衛生管理体制の整備のしかた

安全衛生に関する管理者等の設置が必要に

「安全衛生管理体制」とは、従業員の安全と健康、快適な職場環境を守るために会社内でつくる組織のことで、労働安全衛生法に定められた制度です。会社の業種や規模に応じて以下の管理者等を設置する必要があるので、次ページを参照して体制を整備しましょう。

①**総括安全衛生管理者**…一定の規模以上の事業所において、従業員の危険や健康障害を防止するための措置や業務を統括管理し、安全・衛生管理者の指揮を行なう。選任されるには、事業場において事業を実質的に統括管理する権限を有する必要がある。

②**安全管理者**…一定の規模(常時50人以上)および業種の事業所において、安全に作業が行なえるよう監督し、安全教育等を行なう。選任できるのは、産業安全の実務経験を有し、かつ安全管理者選任時研修を修了した者や労働安全コンサルタントの有資格者。

③**衛生管理者**…一定の規模(常時50人以上)および業種の事業所において、従業員の健康や職場の衛生状態を管理し、週に一度、事業場の巡視を行なう。選任者は、1種または2種衛生管理者、衛生工学衛生管理者、医師や労働衛生コンサルタント等の有資格者。

④**産業医**…常時50人以上の事業所において、従業員の健康診断や面接指導といった健康管理や、作業環境の衛生状態を管理し、月に一度、事業場の巡視を行なう。選任されるには、厚生労働大臣の定める研修を修了した者や、産業医科大学を卒業し実習を履修した者等の資格要件がある。

なお、上記の管理者および産業医は、選任すべき事由が発生した日から**14日以内に選任**し、所轄の労働基準監督署に選任報告を提出することが義務づけられています。

◎従業員規模別の安全衛生に関して必要な管理者等◎

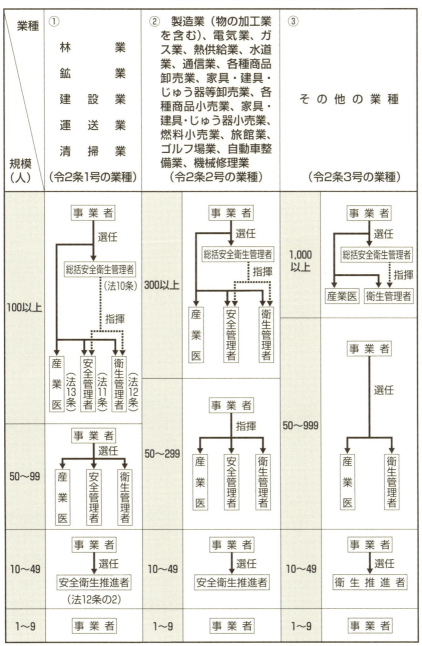

（京都労働局・労働基準監督署の作成図より引用）

48 退職・解雇に関するトラブル防止法

 解雇の処分はやむを得ないものか？

「退職」や「解雇」に関する問題は、こじれてしまうと紛争や労働訴訟に発展し、解決までに膨大な時間と労力を費やしたうえに、多大なコストがかかることもあり、会社にとって大きな負担となってしまいます。

ただし、このようなトラブルは決して避けられないものではなく、**正しい知識と適切な判断や対応**によりほとんどは回避することが可能です。

従業員の辞め方には、円満退職から懲戒解雇までケースによりさまざまですが、大きく次ページ図の4種類に分けられます。

これらのうち、最もトラブルになってしまうのが解雇問題です。解雇の理由としては、従業員の能力不足、職場での協調力欠如や勤怠不良、通常の労務提供が困難となるような心や健康を損なってしまった等さまざまですが、すべて会社の判断だけでは成立しません。

労働契約法第16条に「**解雇は、客観的に合理的な理由を欠き、社会通念上相当と認められない場合は、その権利を濫用したものとして、無効とする**」とあるように、解雇事由を慎重に検討したうえで手続きを行なうことが必要となります。

また、訴訟トラブルになった場合は、会社が解雇事由の客観性や合理性を証明しなければならないので、何らかの客観的な証拠を残すことが非常に重要となります。解雇された従業員からの主張にもよりますが、原因が能力不足や勤怠不良の場合は勤務成績や指導・教育を行なった指導票、タイムカード等の資料を、勤務態度不良等の問題行動の場合は注意書や警告書を、就業規則に規定された懲戒処分を行なった際は始末書等も重要な資料で、証拠となります。

◎従業員が退職するときの主な４種類◎

① 辞職
　従業員の一方的な意思表示により労働契約が終了するもの。会社の同意がなくても、民法上は意思表示から２週間が経過すると効力が発生する（６か月以上の期間で報酬を定めた場合は３か月前）。

② 当然退職＝自然退職
　従業員が一定の条件に該当したとき、退職の意思の有無にかかわらず当然に労働契約が終了するもの。具体的には、定年、雇用契約期間満了、休職期間満了、死亡による退職など。

③ 合意退職
　会社と従業員の合意により労働契約が終了するもの。
- 従業員からの意思表示…自己都合（一身上の都合）退職
- 会社からの意思表示…希望退職制度、退職勧奨による退職

④ 解雇
　会社の一方的な意思表示により労働契約が終了するもの。普通解雇、諭旨解雇、懲戒解雇、整理解雇の種類がある。

　これら証拠が十分な場合は解雇手続きに移りますが、労基法に定められているように、少なくとも**30日前**には**解雇予告**を行なわなければなりません。即日解雇の場合は平均賃金を計算し、同日数分の解雇予告手当の支払いが必要です。
　なお、解雇予告は口頭でも書面でもかまいませんが、余計なトラブルを防止するためにも書面が望ましいでしょう。
　しかし、いくら適切に解雇手続きを行なったとしても、訴訟リスクはあるので、実務上のアドバイスとしては、なるべく解雇はせずに、**退職勧奨を行なったうえでの合意退職**をお勧めします。その際は、忘れずに退職勧奨合意書を書面で交わすようにしてください。

副業・兼業の促進に関するガイドライン

　働き方が多様化するなかで、「副業」や「兼業」を希望する従業員が増加しています。この流れに政府も大きく舵を切りました。

　これまで厚生労働省が企業向けに公開していたモデル就業規則では、「許可なく他の会社等の業務に従事しないこと」と副業・兼業を原則として禁止していましたが、2018年に入り、「勤務時間外において、他の会社等の業務に従事することができる」と180度方向転換し、同時に「**副業・兼業の促進に関するガイドライン**」も公表されています。

　ただし、これら政府の方向転換により、兼業・副業が義務化されたわけではないので、認めるか・認めないかはあくまでも会社の裁量に委ねられています。

　会社で副業・兼業を認める場合は、トラブル防止のためにも「就業規則」に以下の事項を規定して、ルールを明確にしておく必要があります。

①**事前に届出を行ない、許可制とすること**
　会社は申請の方法を定め、対象となる従業員の職位や勤続年数に制限を定めるか、どのような副業・兼業の職種を許可するのか、副業・兼業先での就業状況、就業時間の把握方法、健康状態の管理方法などを決めておきましょう。

②**副業・兼業を禁止または制限する場合の事項を明記すること**
　たとえば、以下にあげる場合は、禁止すると規定します。
- 労務提供上の支障がある場合
- 企業秘密が漏えいする場合
- 会社の名誉や信用を損なう行為や、信頼関係を破壊する行為がある場合
- 競業により、企業の利益を害する場合

8章

福利厚生制度のすすめ方

49 退職金制度にはどんなものがあるか

 代表的な4つの退職金制度

「平成25年就労条件総合調査結果の概況」によると、退職金制度がある会社は全体の75.5%となっていますが、退職金制度について代表的な4種類を紹介しておきましょう。

①**退職一時金制度**

退職金を一時金として一括して会社が支払う制度です。

一般的には「基本給×勤続年数×給付率＝退職金」として給付され、就業規則や退職金規程などで、役職や退職理由により給付率が変動したり、懲戒時には支給額を制限することもできます。

退職金の原資は「会社の財布」（内部留保）で貯めていくため、**急な出費の際に使用できる**メリットもありますが、基本的には**法人税の課税対象になる**というデメリットがあります。

たとえば、生命保険を活用することにより、「積立金＝保険の掛金」は経費にできるので、税法上のメリットを多少は受けることも可能です。

②**確定給付企業年金**

「会社の財布」ではなく、「外部の財布」（信託銀行や生命保険会社等）で積立てを行ない、従業員の選択により一時金または年金として、会社が手続きを行なって信託銀行等から支払われる制度です。

積立金は、**全額が損金処理できる**メリットがある一方、退職一時金制度のような資金流用ができず、また最終的な給付額が確定しているため、積立金の運用が失敗した際は、その**不足分を会社が補わなければならない**というデメリットがあります。

③**確定拠出企業年金**

これは「日本版401ｋ」とも呼ばれ、積立て先や支払い方法、税

制上のメリットは確定給付企業年金と同じですが、大きく異なるのは**実際の運用を従業員自身が行なうこと**により、最終的な退職金額について会社が責任を負う必要がないという点です。

　つまり、運用次第では、退職金が増えたり、減ってしまうこともあるわけです。

　積立て方法についても、法改正により会社が拠出する掛金に上乗せして従業員が掛金を拠出する「マッチング拠出」や、給料の一部を掛金として積み立てる「選択制確定拠出年金」を選択することができます。

　選択制確定拠出年金を採用した場合、会社には社会保険料の節減効果もあります。

④**共済型退職金制度**（中小企業退職金共済、特定退職金共済）

　中小企業退職金共済は、しくみは確定給付企業年金と同じですが、積立て先である独立行政法人勤労者退職金共済機構・中小企業退職金共済事業本部が管理、支払いの運営を行なっており、支払いの手続きは従業員自身が行ないます。

　掛金は、安価な金額から従業員ごとに設定でき（全額損金処理）、新規加入や掛金を増額する際は、条件はありますが国の助成がある場合があります。

　デメリットとしては、一度設定した掛金の減額がしづらいことや、加入後2年未満で退職した際は、不支給（～11か月目）または支給額が掛金を下回ってしまうことです（12か月～23か月）。

　なお、**特定退職金共済**は、大まかなしくみは中小企業退職金共済とほぼ同じですが、積立て先の窓口は各地の商工会議所等となっています。また、加入後の不支給期間もありません。

　従業員にとって退職金は、公的年金や自身の資産形成と並び、老後を支える重要なお金となるものなので、制度設計については慎重に検討したほうがよいでしょう。

50 保養施設からカフェテリアプランへ

 保養施設の利用形態が変わった

　以前は、大企業を中心に自社保有の**保養施設**があり、従業員の研修や保養目的で利用されていましたが、近年では福利厚生アウトソーシングを行なう代行企業と契約することにより、自社で保養施設を保有していなくても、全国各地のホテルや旅館、ペンション等が利用可能となりました。

　自社保有施設または契約保養施設を従業員に利用させるときは、利用対象者や利用料金、利用制限、申込み方法等を明記した「（契約）保養所利用規定」を作成し、従業員へ周知することになります。

 カフェテリアプランとは

　ここ最近では大企業を中心に、多様化する従業員のニーズや、ワークライフバランスの要望に合わせた**カフェテリアプラン**を採用する会社も増えてきました。といっても、会社におしゃれなカフェをつくることではありません。

　カフェテリアプランの由来は、好きな飲食物をさまざまなメニューから注文できる「カフェテリア」からきており、従業員は会社から割り振られたカフェテリアプランポイントを利用することにより、会社が選択した福利厚生メニューから消費ポイントに応じたサービスを受けることができます。

　導入手順は、前述の福利厚生アウトソーシング代行企業と契約し、現状の福利厚生制度の分析を行なって、従業員のニーズにあったカフェテリアプランの制度設計を行ないます。

　運用開始後も、利用状況をもとに不要なサービスの廃止や新たなサービスの導入など制度改定を行なうこともできます。

カフェテリアプランの具体的なサービスとしては、以下のものがあげられます。
- 住宅費用の補助、引っ越し費用の補助
- 宿泊施設、レジャー施設、飲食店利用の補助
- 資格取得、語学スクール受講、スポーツクラブ利用の補助
- 育児費用（託児所・ベビーシッター利用）の補助
- 介護費用（介護サービス利用）の補助
- マッサージ、整体利用の補助
- 人間ドック費用、歯科治療費の補助
- 財形貯蓄制度、持株会の補助

以上は一例ですが、従業員のライフステージによるニーズに対応したメニューが用意できます。

カフェテリアプランのしくみ

会社が付与するカフェテリアプランポイントは、会社の予算に応じて総ポイントを決め、1ポイント1円または100円に設定する場合が多く、利用したサービスに充当し、差額を精算するだけなので非常に便利です。

また、カフェテリアプランポイントに対する課税について、国税庁の見解はそのサービスによって課税・非課税を判断するというケースバイケースのスタンスで、「ポイントを現金に換金可能なプランはすべて課税対象」「職務上の地位、所得に応じてポイントが付与される場合は、プランすべてが課税対象」など一定のルールがあり、課税のタイミングはポイント利用時となります。

カフェテリアプラン導入のメリットとしては、会社は従業員に一定のカフェテリアプランポイントを付与することで**福利厚生費を下げる**ことができ、同時に**管理がしやすくなる**ことがあげられます。

従業員としても、ライフステージやニーズに応じた多様なメニューから選択できることにより、従業員満足度が高まることが期待できるでしょう。

財形貯蓄制度のしくみと利用法

 3種類の財形貯蓄制度がある

「財形貯蓄」とは「勤労者財産形成貯蓄」の略称で、勤労者財産形成促進法にもとづき、従業員の資産形成を目的につくられた制度です。会社が従業員の目的に応じて給与から天引きして金融機関に貯蓄をする、というしくみで、貯蓄の目的により一般財形貯蓄、財形住宅貯蓄、財形年金貯蓄の3種類があります。

「一般財形貯蓄」は、結婚や出産、教育のため、また車の購入や旅行、ケガや病気など、使用目的に関係なく自由に使えるので3種類のなかで最もポピュラーな制度です。1人で複数の契約も可能で、預貯金の場合は積立限度額もありません。払出しも自由な一方、利子等に課税され、税金面の優遇措置はありません。

「財形住宅貯蓄」は、住宅の建設、購入、リフォームの際に使用することを目的とした制度です。税金面で優遇措置があり、財形年金貯蓄と合わせて預貯金などは元本＋利息が550万円までの利子は非課税です。ただし、住宅の建設、購入、リフォーム以外で払い出した場合は、払出し時から5年間遡って利子等に課税されます。

「財形年金貯蓄」は、60歳以降に年金として受け取ることを目的とした制度です。年金受給が65歳からだとすると、その間の5年間に受け取ることもできます。税金面の優遇措置があり、財形住宅貯蓄と合わせて預貯金などは元本＋利息が550万円までの利子は非課税です。ただし、年金以外で払い出した場合は、払出し時から5年間遡って利子等に課税されます。

いずれの種類の財形貯蓄も、給料天引きでいわば強制的に貯金ができるので、自身で貯金するのが苦手な人にはお勧めですが、それぞれメリット、デメリットもあるので注意が必要です。

◎3つの財形貯蓄制度の比較◎

	一般財形貯蓄	財形住宅貯蓄	財形年金貯蓄
利用対象者	会社の従業員（※1）	満55歳未満で他に住宅財形契約を結んでいない会社の従業員（※1）	満55歳未満で他に年金財形契約を結んでいない会社の従業員（※1）
使用目的	目的に制限はなく自由に利用可能	●住宅の建設 ●住宅の購入（新築、中古。戸建て、マンションともに可） ●住宅のリフォーム（工事費75万円以上）	60歳以降、年金として受け取る
積立方法	毎月の給与、賞与から天引き	毎月の給与、賞与から天引き	毎月の給与、賞与から天引き
積立期間	原則3年以上（※2）	5年以上	5年以上
利子等非課税の内容	優遇措置なし（※3）	「財形住宅貯蓄」と「財形年金貯蓄」を合わせて ●預貯金：元本550万円まで利子等非課税 ●保険等：払込累計550万円まで利子等非課税	「財形住宅貯蓄」と「財形年金貯蓄」を合わせて ●預貯金：元本550万円まで利子等非課税 ●保険等：払込累計385万円まで利子等非課税
貯蓄商品	預貯金（定期預金等）、合同運用信託 有価証券、生命保険、損害保険等	預貯金（定期預金等）、合同運用信託 有価証券、生命保険、損害保険等	預貯金（定期預金等）、合同運用信託 有価証券、生命保険、損害保険 郵便年金等
払出し	積立て開始から1年経過後、払出し自由	住宅の建設、購入、リフォーム時（それ以外の目的で払出しすると、利子等に課税される。※4）	満60歳以降、5年以上20年以内（保険商品の場合は終身受取りも可能。年金以外の目的で払出しすると、利子等に課税される。※5）

（※1）自営業、法人の役員は対象外。ただし、兼務役員等の労働者性がある場合は対象となる。
（※2）貯蓄開始後1年が経過すると払出しは自由だが、3年経過すると会社指定の他の取扱金融機関へ預け替えできるようになる。
（※3）利子等に対し20％の課税（国税15％＋地方税5％）、および2037年までは復興特別所得税0.315％が加算される。
（※4）預貯金の場合、払い出した月から5年遡り、また保険商品は解約時から全期間に遡り、生じた利子に対して課税される。
（※5）年金以外で払出しすると、残額は非課税措置がなくなり、財形年金貯蓄として認められない。なお、預貯金の場合は払い出した月から5年遡り利子に課税、また保険商品は一時所得として「（差益－50万円）×1/2」に総合課税される。

52 健康管理について知っておくべきこと

 安全配慮義務と健康管理

　平成20年（2008年）3月に施行された労働契約法第5条において、「使用者は、労働契約に伴い、労働者がその生命、身体の安全を確保しつつ労働することができるよう、必要な配慮をするものとする」と明文化されているように、会社は従業員に対して**安全配慮義務**を負っています。

　最近でも、安全配慮義務を怠ったことにより多額の損害賠償の支払いを命じる判例が多数あるように、従業員の**健康管理**は会社にとって非常に重要な課題となっています。

 健康管理のしかた

　会社が行なう健康管理としては、フィジカルな面では「**定期健康診断**」があります。

　労働安全衛生法第66条に定められているように、対象従業員には法定の項目を受診させる義務があり、その結果についても会社は把握しなければなりません。その際、異常の所見がある場合は、医師等から意見を聴き、場合によっては作業の転換や労働時間を短縮するなどの措置が必要となります。

　メンタルな面では、「**ストレスチェック**」があり、平成27年（2015年）12月から、常時50人以上の対象従業員がいる会社には、年に一度の実施が義務づけられました。ストレスチェックにより高ストレス者を抽出することができ、医師等による面接指導を行なうことで、メンタルヘルス不調を未然に防ぐことが期待できます。

　また、メンタルヘルス不調の原因が職場の人間関係（パワーハラスメント等）に起因するケースも多く、会社には**相談窓口の設置**も

義務づけられています。

健康経営とは

　これら健康管理義務の法令遵守に気をつけるだけではなく、近年では、会社の成長戦略の一つとして注目されているのが「健康経営」という新しい考え方です。

　健康経営の具体的な取組みとしては、従業員または管理者に対して健康保持・増進に対する教育や社内セミナーの開催、社内食堂の運営、スポーツ大会や運動会の開催、スポーツサークルの支援、スポーツジム費用の一部負担、リラックスできる設備を社内に設置したり、空間を確保するなどがあります。

　いずれもある程度のコストが発生するので、実施できる取組み、できない取組みがあるとは思いますが、取組みにかかるコストを「負債」としてとらえるのではなく、従業員の健康に関する活動に投資し、それに見合った「収益」を得る、という考え方をします。

　健康不良の従業員が多ければ、休職者や離職者が増えるので職場環境の悪化を招き、人員を補充するコストも増大します。また、大きなミスや事故が発生するリスクが増えれば、会社の損失、経営リスクとなります。

　それに対して、「健康経営」を実施することで、従業員1人ひとりの健康管理への意識を高めることになり、心身を健やかに保つことでモチベーションが向上し、組織を活性化させることが期待できます。ひいては離職率の低下、生産性の向上による株価上昇、企業イメージの向上が優秀な人材を確保し、業績拡大へとつながっていくはずです。

　「健康経営」は従業員満足度を高める福利厚生という考え方から一歩進み、長い目で見れば会社の成長につながる投資の手段として、**新たな経営戦略**としてとらえられるようになりました。

　「従業員が健康であることの大切さ」を改めて考えてみてはいかがでしょうか。

53 社員旅行、歓送迎会などの実施ポイント

 社員旅行に関する留意点

「社員旅行」といえば、一昔前までは従業員総出でバスに乗って温泉へ向かい、宴会や余興で盛り上がる、といった"慰安"を目的としたものが定番でしたが、従業員の働き方の多様化や、若手社員の低調な参加率を理由に、宴会型から**体験・研修型の社員旅行**も増えてきました。

体験・研修型とは、従業員のリフレッシュ、部署間や若手とベテランの交流といった目的はもちろん取り入れながら、チームに分かれてゲーム感覚でさまざまな現地体験やプログラムを行なったり、会社の将来を語り合うワークショップなど、学びを通してより**組織の活性化やコミュニケーションを深める**ことが目的です。

注意が必要なのは、社員旅行の内容によって、費用を会社の経費として計上できるものと、できないものがあることです。**福利厚生費**として、経費計上できるためには、次の要件を満たすことが必要となります。

①旅行日程が4泊5日以内であること…海外旅行の場合は、行き帰りの移動日数を含まずに4泊5日以内です。
②会社負担の金額は、従業員1人につき10万円以内であること…10万円以内なら、全額会社負担でも問題ありません。
③従業員の参加率が50％以上であること…支店ごとに行なう場合は、支店単位で50％以上あれば問題ありません。

この3つの要件を満たしても、役員・幹部や成績優秀者限定参加の旅行や、取引先の接待旅行については、役員賞与や接待交際費、

給与所得として課税されることがあるので要注意です。

また、旅行不参加者に対して、旅行の代わりに現金や商品券などを支給した場合、その旅行費用自体が福利厚生費には計上できなくなるので、結局は全従業員が給与課税されてしまうことになります。

ただし、旅行費用を積立てによって準備していた場合は、不参加者に旅行費用を返還すれば課税の対象からは外れます。

福利厚生費として認められるのは、あくまで**従業員に対する慰労にかかる費用のみ**、です。また、研修旅行ということで、会社の業務に直接必要な場合については課税対象にはなりませんが、名目は研修旅行でも、内容が観光目的である場合は課税対象となることもあるので、税務調査の際に指摘があっても困らないよう、研修内容の記録や業務の必要性の根拠資料などを保管しておきましょう。

歓送迎会の取扱い

「歓送迎会」にかかる費用についても、原則は福利厚生費となりますが、ポイントは「**従業員全体が対象となっていること**」です。一部の役員や幹部だけの飲み会や、希望者のみ参加の2次会は含まれません。たとえば、新入社員の歓迎会を行なう際に、全従業員が対象となっていれば、全従業員が参加せず対象となる一部の課だけが参加しても、福利厚生費として経費計上することができます。

従業員が社員旅行や歓送迎会でケガをした際の労災保険の取扱いについて触れておきましょう。いずれの場合も「**業務**」として認められれば、労災として認められます。目的や内容、参加の強制力の有無、費用の負担等を総合的に勘案して判断されることになります。判断材料として、社員旅行や歓送迎会のパンフレットやお知らせを提出させられることもあります。

なお、歓送迎会については、会社行事として強制力がある場合は業務として、おおむね認められていますが、認められるのは1次会までで、気の合うメンバーで行なった2次会でケガをしても、労災と認められるのは難しいでしょう。

54 新しい休暇制度も検討しよう

休暇の種類と有休取得率の低さ

休暇には、「法定休暇」と「法定外休暇」があります。

「法定休暇」とは、労働基準法などに定められた年次有給休暇（以下「有休」）や産前産後休業等をいい、「法定外休暇」とは、慶弔休暇や特別休暇など会社が独自に福利厚生を目的として定めた休暇のことで、有給の特別休暇で付与するか、無給で付与して有休に充てるかは会社で決めることができます。

一昔前、"24時間働けますか"というCMが流行したように、日本人はモーレツに働き、諸外国から日本人は働きすぎだといわれて久しいですが、依然として休暇をとることには消極的です。

日本は諸外国と比較しても、祝日の数はかなり上位であるにも関わらず、祝日を含めた休暇日数が少ないのは、有休の取得日数が低いことが原因です。実際、2017年に調査した有休消化率は世界30か国で最下位（2年連続）でした。

そこで政府は、平成28年（2016年）度の平均有休取得率49.4％を、2020年までに70％を達成することを目標に掲げ、また2018年6月に成立した働き方改革関連法では、2019年4月以降、有休が10日以上付与される従業員には、基準日から1年以内に**5日の有休取得を会社に義務づける**ことが盛り込まれました。

今後も、ワークライフバランスの実現に向けた取組みが加速を続けると同時に、会社の経営課題となっていくでしょう。

アニバーサリー休暇、リフレッシュ休暇とは

そんななか、従業員が有休を取りやすくするために生まれたのが「アニバーサリー休暇」です。

その名のとおり、記念日に有休を取得できる休暇制度で、本人の誕生日や結婚記念日を対象としており、解釈を広げて子供の入園や入学、卒園や卒業式への出席まで認める会社もあります。

　ただし、せっかくの記念日が会社の繁忙期と重なってしまい、周囲への配慮から有休取得をためらう従業員がいることもあり、よりフレキシブルに有休取得できるようにと、名称を改めて「**リフレッシュ休暇**」を設ける会社もあります。

　リフレッシュ休暇は、記念日だけではなく、旅行しようが趣味に使おうがなんでもOK、目的おかまいなしの休暇です。会社に休暇取得の目的を告げる必要もないので、気軽に申請することができるのも従業員からすればメリットです。

　また、リフレッシュ休暇には、有休を取得する制度とは別に、会社で日数を設定して、有休とは別の**特別休暇**を付与する制度もあります。期間は年度内で1日から、多いところでは1か月付与する会社もあります。日数を多く設定している会社では、永年勤続の報奨として付与する場合が多く、勤続5年や10年、20年と勤続年数に応じて付与し、副賞として海外旅行を提供することもあります。

　これらの休暇制度を導入するメリットとしては、当然、従業員の休暇日数が増えることになるので、**健康増進、生産性の向上**にもつながりますし、社外にも**ワークライフバランスを大切にしている会社**であることをアピールすることができます。

　デメリットとしては、従業員数の少ない中小企業では引継ぎや代替要員確保の難しさがあげられます。その結果、リフレッシュ休暇制度を採用している割合は従業員1,000人以上の大企業では約半数ですが、300人以下の中小企業では20％未満となっています。

　なお、アニバーサリー休暇、リフレッシュ休暇ともに法定外休暇となるので、**就業規則または別規程を作成**してその内容を明記してください。また、制度をつくっただけではなかなか浸透しないこともあるので、会社トップからの強いメッセージとして、休暇取得の勧奨を行なうことが必要となります。

産業医に対する機能強化

「働き方改革関連法」のうち労働安全衛生法の改正により、過重労働による過労死やメンタル不調の防止、仕事と治療の両立支援を目的として、2019年4月より産業医・産業保健機能が強化されることになりました。

主な改正点は以下のとおりです。

①**産業医に対する情報提供等の充実、強化について**
　（改正前）産業医は、従業員の健康を確保するために必要があれば会社に対して勧告を行なう。
　（改正後）会社は、従業員の業務の状況や長時間労働の状況、健康診断の結果等、産業医が従業員の健康管理を適切に行なうために必要な情報を提供しなければならない。

②**産業医の活動環境の整備について**
　（改正前）会社は、産業医から健康管理等に関する勧告を受けた場合は、その勧告を尊重する義務がある。
　（改正後）会社は、産業医から健康管理等に関する勧告の内容を受けたときは、衛生委員会に報告しなければならない。

③**従業員に対する健康相談の体制整備や健康情報の適正な取扱いについて**
　（改正前）会社は、従業員の健康相談等を継続的に、また計画的に行なうよう努めなければならい。
　（改正後）会社は、従業員に対して、健康相談に応じるための体制や、健康情報の収集・保管・使用等の管理方法を定めて周知を行なうよう努めなければならない。

産業医の選任義務は、従業員50名以上からとなりますが、50人未満の会社であっても、積極的に産業医を選任してみてはいかがでしょうか。

9章

忘れてはならない 個人情報管理とハラスメント対策

55 個人情報管理のポイント

個人情報とは

いま、生活しているさまざまな場面で、「個人情報」という言葉を耳にします。

たとえば、お店で買い物をした際にポイントカードをつくるときや、レンタルショップの会員になるときに、「この個人情報は…」といった説明を店員から受けたり、説明文が書かれた控を渡された経験は少なくないと思います。

では、そもそも個人情報とはどういったものを指すのでしょうか？

個人情報保護法では、個人情報について、「この法律において『個人情報』とは、生存する個人に関する情報であって、当該情報に含まれる氏名、生年月日その他の記述等により特定の個人を識別することができるもの（他の情報と容易に照合することができ、それにより特定の個人を識別することができることとなるものを含む）をいう」と定義されています。

もう少し具体的にいうと、次のようになります。

①生きている個人に関する情報で、氏名、生年月日、住所、顔写真などにより、特定の個人を識別できるもの（他の情報と容易に照合でき、それによって、特定の個人を識別できるものを含む）
②個人識別符号が含まれるもの

ここでいう「個人識別符号」とは次のとおりです。
● 特定の個人の身体の一部の特徴を電子的に利用するために変換した顔、指紋・掌紋、虹彩、手指の静脈、声紋、ＤＮＡなどの符号

●サービス利用や書類において、対象者ごとに割り振られるマイナンバー、旅券番号、免許証番号、基礎年金番号、住民票コード、各種保険証の記号番号などの符号

　個人に関する情報のなかでも、人種、信条、病歴など、不当な差別や偏見が生じる可能性がある個人情報は、「**要配慮個人情報**」として、その取扱いについては特別な規定が設けられています。

　個人情報保護法は、以前は、5,001人分以上の個人情報を利用する事業者が対象とされていましたが、改正により2017年5月30日以降は、**個人情報を利用するすべての事業者が対象**となっています。

個人情報を取り扱う際のルール

　個人情報がどういったものかを理解したうえで、その取扱いに関してはルールを守る必要があります。

　基本的な3つのルールとは、次のとおりです。

> ①使う目的をきちんと相手に説明すること
> ②勝手に目的以外のことに使わないこと
> ③厳格に管理すること

　取得した個人情報を、目的以外のことに使う場合は、あらかじめ本人の同意を得る必要があります。

　また、個人情報を保管するときは、漏えいなどが生じないように、安全に管理しなければなりません。紙で保管する場合は、鍵のかかる引出しに入れ、パソコンで管理する場合は、ファイルにパスワードを設定し、必ずウイルス対策も行なってください。

　個人情報を、本人以外の第三者に渡すときは、原則として、あらかじめ本人の同意を得なければなりません。

　さらに、本人から、自身の個人情報の開示を求められたときは、個人情報の開示、訂正、利用停止などに対応しなければなりません。

56 マイナンバー管理のポイント

マイナンバーとは

「マイナンバー」については、どういったものなのかを十分に理解したうえで、会社の業務にあたる必要があります。

マイナンバーとは、**日本に住民票を有するすべての人（外国人も含まれる）に交付される12桁の番号**です。

マイナンバーが制定された目的については、長くなりますが、「社会保障、税、災害対策の法令で定められた手続きのために、国や地方公共団体、勤務先、金融機関、年金・医療保険者などにマイナンバーを提供することで、いままでそれぞれの機関ごとに審査していた情報を共有することができ、情報の照合や転記にかかる手間や時間、添付書類を削減し、国民や行政の負担を減らすこと、そして、所得状況等が把握しやすくなることで、税や社会保障の負担を不当に免れることや不正受給を防止し、さらに本当に困っている人へのきめ細かな支援が可能になり、公平・公正な社会を実現するため」とされています。

会社業務におけるマイナンバーの取扱い

まずは、会社でマイナンバーを取り扱う**実務担当者**を決めます。担当者以外は、マイナンバーを閲覧したり、取り扱ったりしてはいけません。

そして実務担当者は、使用目的をはっきりさせる必要があるので、社会保険や税金の手続きに使用すること以外には、マイナンバーを使用してはいけないことになっています。

また、**マイナンバーの管理**にも十分に気をつけなければなりません。担当者以外の目に触れないように、手続きに使用する際にも別

スペースで行なうなどルールを設定し、守る必要があります。

　実務担当者は、従業員の**入社時にはマイナンバーを提出**してもらいます。コピーしたものでもいいですし、会社指定の用紙に記入してもらってもかまいません。郵送でも対面でも、収集方法に決まりはありません。

　さらに、マイナンバーについての**本人確認が必要**です。

　マイナンバーカードを持っていれば、それのみで本人確認を行なうことができます。マイナンバーカードを持っていない場合は、通知カード等のマイナンバーの確認ができる書類と、運転免許証やパスポート等の身元確認のできる書類の**2種類の書類が必要**となります。また、退職した従業員のマイナンバーは、すみやかに削除しなければなりません。

　入社して最初にマイナンバーが必要になるのは、**社会保険の加入手続き**のときです。加入手続きする際には、社会保険の加入者である「被保険者」については、基礎年金番号でも手続きが可能ですが、「被扶養者」については、マイナンバーが必要になります（2018年10月1日からの適用です）。

　雇用保険についても、加入時にマイナンバーの記載が必要になります。マイナンバー制度ができる前に入社した従業員については、給付金の支給申請手続きのときか、退職手続きのときに、マイナンバーを記載します。それ以外にも、マイナンバーのみを先に登録する手続きがあるので、社員全員について一斉に登録しておく方法も1つの選択肢となります。

　税務関係では、行政に提出する給与支払報告書および源泉徴収票にマイナンバーを記載することが義務づけられています。

　マイナンバーについては、個人情報のなかでも特に厳しい罰則が設けられています。情報の漏えい防止に細心の注意を払うことはもちろんですが、他人のマイナンバーを不正に入手したり、マイナンバーや個人の秘密が記録された個人情報ファイルを他人に不当に提供したりすると、厳しい罰則が科せられます。

57 SNS対策は万全か

情報セキュリティとしてのSNS対策

　ITが会社の業務に深化した昨今では、情報システムやインターネットは、会社運営に不可欠なものになり、情報管理対策についても多くの会社が、その対策を少なからず従業員にあまねく浸透させるに至っています。

　情報セキュリティについては、改めて認識しておく必要がありますが、特にSNS（ソーシャルネットワーキングサービス）**対策**については重要です。

　企業や組織のSNS対策としては、「情報セキュリティポリシーの策定」が代表的です。

　情報セキュリティポリシーとは、**情報の機密性や完全性、可用性を維持**していくために規定する、組織の方針や行動指針をまとめたものをいいます。

　具体的にいえば、機密情報の漏えいや、個人情報の流出、ホームページの改ざん、システムの停止、ウイルスへの感染等に、企業の規模や所有する情報資産にもとづいて、どのように対応していくのかを定めた規定です。

情報の流出にどう対応するか

　情報セキュリティポリシーのなかでも、情報流出の防止対策は、社員への教育についてどうアプローチしていくかを検討するうえで重要な業務のひとつです。

　情報セキュリティポリシーに関しては、組織内の幹部も含めた全従業員に情報セキュリティ教育を実施して、遵守することを徹底しなければなりません。会社の規定に目を通してもらうだけでなく、

勉強会や研修会を開くなどして、個人の意識を高めるよう教育していくことが大切です。

🏢 SNSによる"炎上"には十分に注意を

いまでは、SNSを利用して、コミュニケーションを取ることが当たり前の世の中になりました。企業の公式アカウントも多数存在します。

企業のアカウントに関しては、担当者も企業の看板を背負っている分、内容に関しては精査されていることと思います。

最近、問題になっているのは、個人利用のSNSにおける不用意な発言により、それを閲覧した他の利用者から集中的な非難などを浴びる現象が起きることです。いわゆる"炎上"という現象です。

その影響は、所属する企業や組織にまで及び、最終的には企業が謝罪するところまで追い込まれるケースもあります。

ブランドイメージを損ない、企業の信頼性を著しく貶めるというリスクもあるため、発言には十分に留意するよう、社員への教育は不可欠です。こういった教育も、情報セキュリティ対策の重要な1つといえます。

🏢 情報漏えいに対する処分などの対策も

社員個人のSNSについては、あくまでもプライバシーに関することであるため、その情報発信に対してまで規制することはむずかしいといえます。しかし、発信する情報の内容については、会社の機密情報や個人情報が風評被害になるような軽率な投稿などは発信しないよう明確にしておくべきでしょう。

もし、従業員の故意の言動により、企業の重要な情報が漏れてしまった場合の処分については、就業規則の懲戒事由に入れておくことをお勧めします。また、入・退社の手続きの際に、誓約書をとり、個人情報・機密情報などの情報漏えいに関しての危機意識を持たせ、責任を持つことの重要性についても理解してもらいましょう。

58 パワーハラスメント対策

パワハラの定義とその対応策

　最近では、耳慣れた言葉となった「パワーハラスメント」（パワハラ）ですが、具体的にどういったものがパワーハラスメントとなるのか、を正しく理解しておく必要があります。

　パワーハラスメントとは、「同じ職場で働く者に対して、職務上の地位や人間関係などの**職場内での優位性**を背景に、**業務の適正な範囲**を超えて、精神的・身体的苦痛を与える、または職場環境を悪化させる行為」と定義されています。

　具体的には、裁判例や厚生労働省の情報等にもとづけば、次ページ図の6つの類型に分けることができます。ただしこれは、あくまでも例示するための分類であり、これらに該当しなくてもパワーハラスメントに該当することがあることに注意が必要です。

　会社内で実際にパワーハラスメントだと思われる事案が発生した場合には、次のような対応をとったらよいでしょう。

①企業のトップがメッセージを出す
②社内のルールを明確にする
③社内アンケートなどで実態を把握する
④社員教育を実施する
⑤社内に周知する
⑥相談窓口を設置する
⑦再発防止策を考え、研修などを行なう

　ここ数年、都道府県労働局や労働基準監督署等へのいじめ、嫌がらせに関する相談件数が増加し続けており、労災の精神障害等での申請件数でもトップの理由が、いじめ、嫌がらせとなっています。

　問題が発生した際に、そのまま放置しておくと、企業の安全配慮

◎パワーハラスメントの6つの類型◎

① 身体的な攻撃
暴行・傷害
例）叩く、殴る、蹴る、物を投げつけるなど

② 精神的な攻撃
脅迫・名誉毀損・侮辱・ひどい暴言
例）他の従業員の前で叱責する、必要以上に長時間にわたり、繰り返し、執拗に説教するなど

③ 人間関係からの切り離し
隔離・仲間外し・無視
例）1人だけ別室に席を移す、会社の飲み会に1人だけ誘わないなど

④ 過大な要求
業務上明らかに不要なことや遂行不可能なことの強制、仕事の妨害
例）仕事のやり方がわからない新人に、他の人の分の仕事まで押し付けて、他の全員が帰ってしまうなど

⑤ 過小な要求
業務上の合理性なく、能力や経験とかけ離れた程度の低い仕事を命じることや仕事を与えないこと
例）営業部なのに空き地の草むしりばかりさせるなど

⑥ 個の侵害
私的なことに過度に立ち入ること
例）交際相手のことについて執拗に質問責めにする、家庭内のことに過度に立ち入ったり、家族の悪口を言うなど

義務の責任も問われるので、速やかに対応できるよう、日頃から教育や周知を忘れずに行なっておきましょう。

59 セクシャルハラスメント、マタニティハラスメント対策

🏢 セクシャルハラスメントとは

「セクシャルハラスメント」（以下「セクハラ」）と「マタニティハラスメント」（以下「マタハラ」）は、男女雇用機会均等法によって会社に防止措置が義務づけられています。

まず、セクハラについては、「職場において行なわれる、労働者の意に反する性的な言動に対する労働者の対応により、労働条件について不利益を受けたり、性的な言動により就業環境が害されること」と定義されています。これらの言動には、同性によるものも含まれています。

具体的には、性的な事実を尋ねる、性的な冗談を言う、食事やデートにしつこく誘うことなどの発言と、必要なく身体に接触する、わいせつ画像を掲示する、性的関係を迫るなどの行動が、セクハラに該当します。アメリカでは、セクハラ訴訟において損害賠償額が億単位に及ぶ判決が出ることは知られていますが、日本においても年々その賠償額は高額化している傾向にあります。

🏢 マタニティハラスメントとは

マタハラとは、妊娠・出産・育児休業の取得等を理由として、解雇・雇止め・降格などの不利益な取扱いを行なうことをいいます。同僚からの言動もマタハラに該当することがあります。

職場に迷惑がかかると責め立てたり、妊娠したのだから辞めてほしいと退職を迫る行為は、マタハラに該当します。

🏢 ハラスメント対策の考え方

会社は、セクハラ、マタハラのようなハラスメントによる被害に

対する**相談を受け付ける窓口をあらかじめ設置**し、その相談内容や状況に応じて、適切な対応をしなければなりません。

そのためには、相談窓口の担当者と各部署との連携がとれるように、社内の体制を整えておく必要があります。また、外部の専門機関へ対応を依頼するのも対策の1つです。

法律的な根拠として、これらのハラスメントの防止措置義務が会社にある以上、その対策をまったく講じていない状況でハラスメントの問題が起きた場合は、加害者とともに会社もその損害賠償の責を逃れられません。

したがって、ハラスメント内容の周知、研修、相談窓口の設置など、行なうべき措置を実施し、「ハラスメントを起こさない」という意識を全社員が持つことが重要です。

最後に、都道府県労働局雇用均等室で作成したセクハラ対策の小冊子に掲載されている、ある企業の実例などを参考にすると、相談・苦情への対応の流れは次のようになります。

---

①被害者からの苦情相談窓口への**相談**
②本人と相手および必要に応じて第三者に**ヒアリング**
③**事実関係の有無の検討**
④事実関係があると判断した場合は**対策委員会等による協議**
⑤必要に応じて本人、相手、第三者から**事情聴取**
⑥**判定**
　●懲戒に値しない場合…相談した本人に説明のうえ、配置転換、行為者謝罪、関係改善援助、不利益回復、職場環境回復、メンタルケアなどの対応実施
　●懲戒に値する場合…就業規則にもとづいて、けん責、出勤停止、諭旨解雇、懲戒解雇などの処分を実施
⑦**解決**
⑧**再発防止措置の策定・実施**

あかるい職場応援団

「パワーハラスメント」については、新人社員や部下だけでなく、管理職に対するケースも見受けられます。

自分は被害を受けているのではないか、どんなケースがパワーハラスメントに当たるのか、具体的な裁判例を知りたい、という人は、厚生労働省のホームページにある**「あかるい職場応援団」**というサイトをご覧になってみてください（トップページは下図参照）。

イラストや動画により、パワーハラスメントがどういったものなのかを、わかりやすく説明しています。また、これはパワーハラスメントに該当するが、これは該当しない、といったように両方の視点から実例が紹介されています。

相談機関についても紹介されているので、会社のハラスメント相談窓口の担当者や、人事部所属の担当者はぜひ一度ご覧になるとよいでしょう。

10章

働き方改革について
シッカリ理解しておこう

働き方改革関連法

残業割増率

時間外労働

勤務間インターバル

有休取得

働き方改革関連法とは

 1億総活躍社会の実現に向けた法律

　2018年6月29日に、「**働き方改革関連法**」（働き方改革を推進するための関係法律の整備に関する法律）が成立しました。

　この法律は、働く人がそれぞれの事情に応じた多様な働き方を選択できる社会を実現する「働き方改革」を総合的に推進するため、長時間労働の是正や多様で柔軟な働き方の実現、雇用形態にかかわらない公正な待遇の確保等のための措置を講じたものです。

　ポイントは大きく分けて2つあり、1つは、働き過ぎを防ぐことで、働く人の健康を守り、多様なワーク・ライフ・バランスを実現できるようにすること、そしてもう1つは、同一企業内における正規雇用と非正規雇用の間にある不合理な待遇の差をなくし、どのような雇用形態を選択しても納得できるようにすること、とされています。

　いま、日本は少子高齢化により、15歳以上65歳未満のいわゆる**生産年齢人口が減少**しています。

　また、働き方も画一的なものではなく、多様性が求められているなかで、個々の事情やニーズに合った働き方ができるよう、改革していく必要があります。

　働き方改革関連法の主軸となるのは、労働基準法、労働安全衛生法の改正です。主な改正内容については次ページにまとめておきましたが、施行日については、一番早いもので2019年4月1日となっており、改正項目ごとに異なります。

　では、次項以降で、1つずつ詳しい内容について確認していきましょう。

◎働き方改革関連法の主な内容◎

	項目	概要	施行日 大企業	施行日 中小企業
①	時間外労働の上限規制	時間外労働の上限を、原則、月45時間、年360時間とする。特別の事情がある場合、年720時間、複数月80時間（休日労働を含む）、月100時間未満（休日労働を含む）とする	2019年4月	2020年4月
②	年次有給休暇の取得義務化	年5日の年次有給休暇の取得を、企業に義務づける	2019年4月	
③	月60時間超の残業の割増率	月60時間を超える残業の割増率を、25%から50%に引き上げる	（適用済）	2023年4月
④	同一労働・同一賃金	正社員とパートタイム労働者・有期雇用労働者との待遇差をなくす	2020年4月	2021年4月
⑤	勤務間インターバル制度の導入	勤務終了後から、翌日の出社までの間、一定の休息時間を確保するしくみを導入	2019年4月	
⑥	高度プロフェッショナル制度の新設	特定の高度な専門職に就く、年収1,075万円以上の労働者に対し、時間外、休日および深夜残業割増賃金の適用を除外する	2019年4月	
⑦	フレックスタイム制の見直し	現行1か月単位の清算期間を3か月に延長する	2019年4月	
⑧	労働時間の適正な把握を義務化	裁量労働制の適用者や管理監督者の労働時間も客観的な方法等にて把握することを義務づける	2019年4月	
⑨	長時間労働者への医師面接指導の見直し	長時間労働者に対する医師の面接指導の要件を、時間外労働月100時間から月80時間に変更する	2019年4月	
⑩	時間外限度の基準の適用除外の見直し	自動車運転業務、建設業、医師等の時間外労働の上限の導入	2024年4月	

61 時間外労働に上限規制

 残業時間の上限が法律に規定された

労働基準法では、原則として、1日8時間、1週40時間の労働時間を上限とし（**法定労働時間**）、この上限を超えて働かせてはいけないこととしています。

ただし、労働基準法第36条にもとづく労使協定（通称「**36（サブロク）協定**」。92ページ参照）を締結することにより、この上限を超えて労働させる、つまり、早出あるいは残業といった**時間外労働**をさせてもよいこととしています。

この時間外労働をさせてもよい時間は、原則として**月45時間、年360時間**と定められていました。

ただし、これはあくまで厚生労働大臣の告示によるものであり、この上限を超えてしまう場合は、「特別条項」を設け、一定の要件を満たしていれば、会社は自由に時間外労働の時間数を決めることができ、実質、法的な上限はないものといえる状態でした。

しかし、働き方改革関連法が成立したことで、大臣告示から法律へと格上げされたことになり、法律として時間外労働の上限が設けられました。

その内容は、以下のとおりです。

【原則】
　時間外労働の上限を原則、1か月45時間、1年360時間とする。

【特別条項】
　原則の時間を超えるような特別の事情があるときは、時間外労働の時間数を延長することができる特別条項を設けることができる。
　ただし、①1年720時間以内とする、②1か月当たり100時間未満（休日労働を含む）とする、③2～6か月の複数月の場合、1か月

◎残業時間の上限規制とは◎

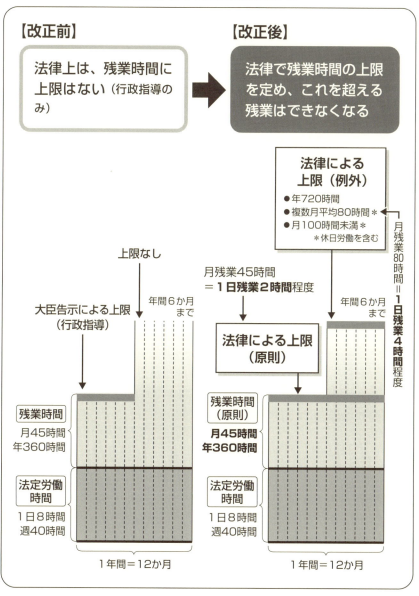

平均80時間以下（休日労働を含む）とする、④特別条項の発動は最大6か月までとする、という条件が付いています。

62 年次有給休暇の取得を義務化

年に5日は有休を取得させなければならない

　労働基準法では、入社してから6か月間継続して勤務し、全労働日の8割以上出勤した労働者に対して、10労働日の**年次有給休暇**を与えなければならないとしています。

　付与された年次有給休暇は、原則として、労働者が自ら希望する日を会社に申し出て、それを会社が承認することで、取得できることになっています。

　改正後の労働基準法では、年10日以上の年次有給休暇が付与される労働者については、会社は**毎年5日の年次有給休暇を取得させる義務**を負うことになりました。

　つまり、本人からの希望がなかった場合は、**会社が時季（取得する日）を指定**して、年次有給休暇を消化させる義務を負うことになるのです。

会社は何らかの対策が必要に

　日本の年次有給休暇の取得率は、ここ十数年の間、毎年5割を下回っています。

　年次有給休暇の取得率を上げていくことも、ワーク・ライフ・バランスの一環であるので、有休取得の義務が法制化されることでこの目標が前進するのは確実であると考えられます。

　会社の対策としては、従業員の希望を聞きつつ、あるいは労働基準法に定められている「**計画的付与**」（31ページ参照）を活用して、業務の閑散期や業務に支障のない範囲内で、連休につなげて取得させることで大型連休にするなどの方法が考えられます。

　また、一度に全従業員に取得させることがむずかしいようでした

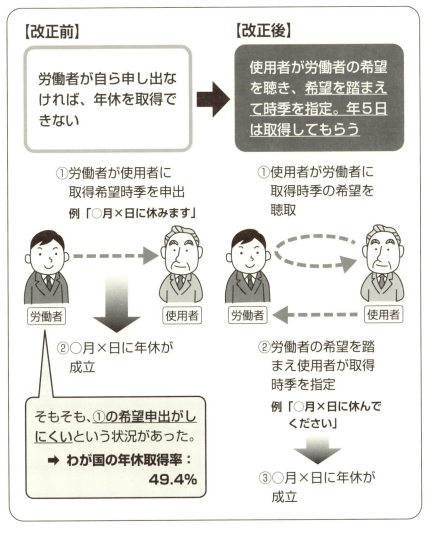

ら、班ごとに時季をずらして、あるいは個人別に交代で取得させるという方法も考えられます。

　なお、所定労働日が週4日以下の労働者については、付与される年次有給休暇の日数が10日に満たない場合がありますが、そのような場合には、この改正は適用除外とされます。

63 月60時間超の残業の割増率

 猶予されていた中小企業も適用に

　労働基準法では、時間外労働については25％以上、休日労働については35％以上の割増賃金を支払う必要があると定めています。
　この割増率に関しては、すでに労働基準法の改正があり、2010年4月1日以降は、**1か月60時間を超える時間外労働**については、割増賃金率を50％以上で計算し、支払うこととされています。
　この規定は、大企業には改正時から適用されていましたが、中小企業についてはその適用が猶予されてきました。
　しかし今回、労働基準法が改正されたことによって、中小企業については適用が猶予されている月60時間を超える時間外労働の割増賃金率は、**2023年4月以降**、この猶予措置がなくなり、企業規模

◎適用が猶予されている中小企業とは◎

業種	資本金の額または出資の総額	または	常時使用する労働者数
小売業	5,000万円以下	または	50人以下
サービス業	5,000万円以下	または	100人以下
卸売業	1億円以下	または	100人以下
その他	3億円以下	または	300人以下

※業種分類は日本標準産業分類（第12回改定）に従っています。

(例)
製造業（「その他」の業種）
- 資本金1億円、労働者数100人
  → 中小企業
- 資本金1億円、労働者数500人
  → 中小企業
- 資本金5億円、労働者数100人
  → 中小企業
- 資本金5億円、労働者数500人
  → 大企業

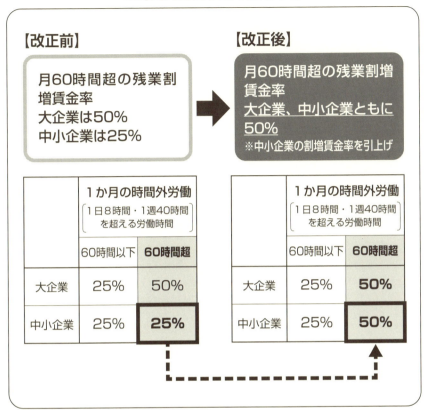

に関係なく適用されることとなりました。1か月60時間を超える時間外労働が生じる中小企業においては、残業代の支払いが増えることになります。

　また、時間外労働分の賃金を、額が固定された手当として毎月支払っている企業では、その**固定手当に相当する時間数に合わせて内訳の見直し**もしなくてはなりません。給与計算に直結する改正ですので、適用時期には十分に注意してください。

　なお、法令で認められている制度として、割増賃金を支払う代わりに、有給休暇を付与するという「**代替休暇**」制度があります。この制度の活用も含め、今後の対策を考える必要があります。

64 同一労働・同一賃金とは

 正社員とそれ以外の社員の待遇に差をつけない

　日本では、正規雇用労働者（正社員）と非正規雇用労働者（パートタイマー、有期契約労働者、派遣労働者など）との間に、不合理な待遇の格差がみられることが多くなっています。

　そのため今回の改正で、同一企業内において、正規雇用労働者と非正規雇用労働者との間で、基本給や賞与などの個々の待遇ごとに、**不合理な待遇差を設けることが禁止**されることになりました。

　すでに策定されている、平成28年（2016年）12月20日発行の「同一労働同一賃金ガイドライン案」が改定され、平成30年度内（2018年度内）をメドに正式なガイドラインとなる予定です。

　不合理な待遇差をなくすための規定の整備については、次の２つのポイントが重要になります。

（１）**均衡待遇規定**（不合理な待遇差の禁止）

　これは、次の３点の違いを考慮したうえで、不合理な待遇差を禁止するというものです。

①職務内容

②職務内容・配置の変更の範囲

③その他の事情

（２）**均等待遇規定**（差別的取扱いの禁止）

　これは、次の２点が同じ場合、差別的な取扱いを禁止するというものです。

①職務内容

②職務内容・配置の変更の範囲

　なお、上記①の「職務内容」とは、「業務の内容＋責任の程度」をいいます。業務の種類から従事する業務の内容が同じであるか、

◎同一労働・同一賃金のしくみ◎

	(1) 待遇の「違い」の合理性に関する「考慮要素」		(2) 法制度の内容
日本	①職務内容（＝業務内容＋責任の程度） ②職務内容・配置の変更範囲（＝「人材活用のしくみ・運用等」） ＋ ③その他の事情 （※従来、詳細解釈を示しておらず）	①・②（※）が正社員と同じ場合 →	同じ待遇が求められる 【いわゆる「均等待遇」】 （＝正社員より不利な取扱いをしてはならない） （※成果・能力・経験等による賃金差は許容（不利な取扱いに当たらない）） （パートタイム労働法第9条）
		①～③が正社員と違う場合 →	①～③を考慮して「不合理」な待遇差は禁止 【いわゆる「均衡待遇」】 （※従来、合理／不合理の詳細解釈を示さず ⇒2016年末にガイドライン案を提示） （パートタイム労働法第8条、労働契約法第20条）
(参考)EU	客観的正当化事由 （具体的には司法判断）	客観的正当化事由がない場合 →	正社員（＝フルタイム労働者／常用雇用労働者）よりも **不利益な取扱いを受けない（原則禁止）**
		客観的正当化事由がある場合 →	**不利益取扱いが許容される（例外）** （EUパートタイム労働指令4条1項、有期労働指令4条1項／ドイツ：パートタイム有期契約労働法4条1項、2項）

（厚生労働省「同一労働同一賃金特集ページ」より抜粋）

　責任の程度の違いや、所属部署や転勤の範囲の違いなどを考慮して、不合理な違いとなるのかを判断します。

　また、この同一労働・同一賃金の規定には、労働者への説明義務の強化や行政による助言、指導等や行政ＡＤＲの規定の整備についても盛り込まれています。

65 勤務間インターバル制度とは

残業で遅くなったら、翌日の出勤は遅らせる

「勤務間インターバル制度」は、ＥＵの制度をモデルとして導入された制度です。

残業により終業時間が遅い時間となってしまった場合、**翌日の始業時間を遅らせる**ことで、日々、一定の休息時間を確保することができ、働く人の生活時間や睡眠時間が確実にとれるようになるという制度です。

なぜこの制度が必要なのか

長時間労働や過重な仕事による過労が原因となり、（業務に起因する）脳疾患や心臓疾患を発症した労働者による労災申請件数は、ここ数年、増加傾向にあります。

人手不足による原因もあると思いますが、労働者１人当たりの業務量が増えてしまい、時間外労働や休日労働が多くなることで、十分な休息、睡眠がとれずに発症することも多いのではないかと考えられます。

近年、話題になることも多い過労死等を防ぐためにも、十分な睡眠をとり、生活時間もきちんと確保できることで、ストレスが軽減されるようになれば、脳・心臓疾患や精神疾患を発症するリスクも下がる可能性があると考えられます。

運用する場合のルール

ただし、この「勤務間インターバル制度」の取組みは、法令としての義務ではありません。あくまでも**努力義務**とされています。

しかし、前述したように、慢性的な人手不足が続くなかで、業務

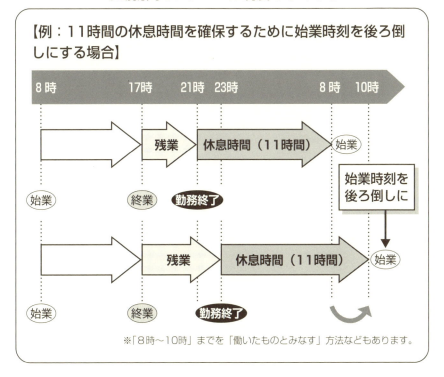

量を減らすことはむずかしい状況です。その状況下では、このような制度を導入することにより、少しでも脳・心臓疾患などの発症リスクを減らすことを検討すべきでしょう。

なお、法令の規定では、「勤務間インターバル」は「**一定の休息時間**」とされています。

この一定の休息時間の設定には、ルールがあるわけではありませんが、目安としては、**9時間～11時間以上**とするのが望ましいでしょう。

また、勤務間インターバル制度を実施するにあたっては、翌日の所定の始業時間から、実際に遅らせた始業時間との間は勤務したものとみなす方法、あるいは始業時刻と終業時刻をスライドさせる方法などがあります。

66 高度プロフェッショナル制度の創設と、フレックスタイム制の見直し

 対象者は時間外労働等の割増賃金が不要に

　労働基準法では、法定の労働時間を超える労働や、深夜労働、休日労働に対しては、割増賃金を支払わなければならないと規定しています。

　今回の改正では、一定以上の年収の支払いが見込まれる**特定高度専門業務に従事する労働者**については、時間外労働、深夜・休日労働に対する割増賃金等の規定を適用除外とする「**高度プロフェッショナル制度**」が創設されました。

　この制度を導入する際には、対象業務や対象労働者、健康確保措置について、労使委員会で5分の4以上の多数でもって決議しなければなりません。

　一定以上の年収の基準については、労働者の平均給与額の3倍を相当程度上回る水準以上とされ、具体的な額としては**1,075万円以上**が想定されています。

　この制度を適用する場合には、年間104日以上、かつ4週4日以上の休日を確保することが義務づけられており、以下のいずれかの健康確保措置を、労使委員会で講じなければなりません。
①インターバル規制＋1か月あたりの深夜業の回数を制限すること
②在社時間等の上限を設定すること
③1年につき、2週間連続の休暇取得を設定すること
④臨時の健康診断の実施

　では、高度プロフェッショナルの制度の対象となる「特定高度専門職」とはどういったものを指すのでしょうか。

　具体例としてあげられているのは、金融商品の開発業務、金融商品のディーリング業務、アナリストの業務、コンサルタントの業務、

研究開発業務などです。そのうえで制度の対象となるのは、**本人が希望している場合のみ**となるので、職務記述書などに明記し、それに同意していると判断される労働者のみに適用されます。

📑 フレックスタイム制の見直し

始業時刻および終業時刻を労働者の決定にゆだねる「**フレックスタイム制**」は、柔軟で自律的な働き方として導入が進められてきましたが、この制度のしくみに関して見直しが行なわれました。

フレックスタイム制では、清算期間の上限は１か月です。この清算期間中の法定労働時間は、「１週間の法定労働時間×清算期間の暦日数÷７」とされています。この法定労働時間を超えた勤務時間については、割増賃金の支払いが必要となります。

今回、この清算期間の上限を**３か月に延長**することとされました。この改正によって、ある月に法定労働時間を超えて勤務したとしても、翌月または翌々月の勤務時間を抑えることで、清算期間中に合計して法定労働時間を超えていなければ、割増賃金を支払う必要がなくなります。

逆に、ある月の勤務時間が所定労働時間を下回っていても、翌月または翌々月に多く働くことで、所定労働時間以下だった時間分の欠勤控除を行なわなくてもよいことになります。

改正後の取扱いによって、勤務時間の振替をうまく活用して、より柔軟に働くことが可能になります。たとえば、子育てをしている人の場合は、夏休みや春休みの期間中に子供と一緒に過ごす時間を増やし、その分、清算期間中の別の月に勤務時間を増やすといったことも可能になるわけです。

なお、通常、フレックスタイム制を導入する際の**労使協定**については、所轄労働基準監督署への届出は不要ですが、１か月を超える清算期間を設ける場合は、所轄の労働基準監督署への労使協定の**届出が必要になる**ので、手続きを忘れないように注意してください。

年休の半日取得と時間単位年休

　働き方改革関連法による労働基準法の改正点のなかでも、時間外労働の上限規制と並んで、**年次有給休暇（年休）**の「**5日の取得義務化**」は、どこの会社にも大きく影響します。

　2019年4月1日より、大企業も中小企業も一斉に施行になりますが、その取得方法をどのようにしたらよいのか議論を呼んでいるところです。

　ところで、年休を半日単位で取得する「半休」制度を認めている会社はかなり多く見受けられます。

　本来、年休は1日単位の取得が原則ですが、運用上は労働者の利便性を考慮して、半日取得を希望されて会社が認めた場合は、半日単位で取得することは差し支えない、と行政通達が出ています。

　つまり、年休の半日取得は法律上の義務ではなく、「任意」の制度なのです。

　それに対して、「時間単位」の年休は、平成22年（2010年）4月に施行された労基法の改正により新たにできた制度で、半日単位の年休とは別の制度という位置づけになります。

　本書の執筆時点では、年休の5日取得義務化について、「半日単位の年休の累積も含めてかまわない」という政省令が出たところですが、時間単位の年休についてどう取り扱うかは、いまのところ未定です。

　パートタイマーの多い流通業や製造業、飲食業等では、年休の5日取得義務化はかなり大きなインパクトがある法改正なので、今後の政省令や行政通達を注視していかなければなりません。

11章

これからの人事政策と活用したい制度

67 厚生労働省による さまざまな認証マーク

 認証マークを取得することのメリット

　慢性的な人手不足の状況下では、社員募集や採用に際しメリットとなるような「認証マーク」制度を取得するのも一つの方法です。

　認証マークを取得するには、一定の基準をクリアする必要がありますが、取得することで、ホームページや名刺に認証マークを入れることが可能となり、**労働環境の改善に積極的に取り組んでいる**という企業イメージをアップすることができます。

　主な厚生労働省の認証制度を紹介しておきましょう。

①「**くるみん**」

　子育てをしながら仕事を両立することができる「**子育てサポート企業**」に対して認証する制度で、2017年12月時点で約2,800社を認証しています。さらに高度な取組みが認められると「**プラチナくるみん**」の認証が付与されます。

②「**えるぼし**」

　女性活躍推進法にもとづき、女性の登用に積極的な企業に対して認証する制度です。認定基準に従って3段階の認証があります（次ページ参照）。

③「**ユースエール**」

　若者雇用促進法にもとづき、若者の雇用に積極的な企業に対して認証を付与する制度です。

④「**安全衛生優良企業**」

　労働安全衛生法にもとづいた制度で、「重大災害がない」「健康保持増進」「メンタルヘルス対策」などの実施基準によって認証されます。

　なお、これらの認証を得ることで、公共入札ポイントが有利とな

◎さまざまな認証マーク◎

ったり、低利融資を受けられるなどのメリットも享受できます。
　これら認証制度のトレードマークは上図のとおりです。

68 活用できる助成金制度のいろいろ

雇用を促進すると助成金が申請できる

　各種「助成金制度」の情報収集やその手続きも、人事労務の仕事です。

　助成金制度は、厚生労働省管轄の雇用と関連するもの、ものづくり補助金をはじめとした中小企業庁が実施しているもの、そして都道府県独自で支給要件を決めているものなど、その範囲はかなり広いものです。ここでは、人の雇用に関する厚労省管轄のもので、よく利用されている助成金制度を見ていきましょう。

①キャリアアップ助成金

　非正規雇用と呼ばれる有期雇用のアルバイトやパートタイマーを、無期契約の雇用や正社員に転換する際に活用できるものです。6か月間以上雇用している有期雇用者を無期雇用契約もしくは正社員雇用に転換し、6か月以上雇用した場合に助成金を申請できます。1人につき57万円が助成され、一年度に最大20人まで申請可能です。

②特定求職者雇用開発助成金

　障害者や60歳以上の高齢者、母子（父子）家庭の人などの就職困難者をハローワーク等の機関の紹介により雇用した場合に助成金を申請できる制度です。労働者の種類により60万円から240万円まで助成されます。

　なお、雇用助成金制度の多くには「解雇要件」というものがあり、直近で解雇や退職勧奨などの会社都合退職があった場合は一定期間、助成金の活用ができなくなるものが多くあります。雇用助成金を活用する際には、ぜひ心がけておくとよいでしょう。

　次ページに、その他の主な助成金制度の概要をあげておきます。

◎厚労省の主な助成金制度◎

- **従業員を新たに雇い入れる場合の助成金**
  特定求職者雇用開発助成金（高年齢者・障害者・母子家庭の母等の就職困難者を雇い入れる）／トライアル雇用助成金（障害者、安定就業を希望する未経験者を試行的に雇い入れる）

- **労働者の雇用環境整備関係の助成金**
  障害者雇用安定助成金＜障害者職場定着支援コース＞（障害特性に応じた雇用管理・雇用形態の見直しや柔軟な働き方の工夫等の措置を講じる）／人材確保等支援助成金＜雇用管理制度助成コース＞（評価・処遇制度や研修制度、健康づくり制度、メンター制度、短時間正社員制度を整備する）／人材確保等支援助成金＜人事評価改善等助成コース＞（生産性向上に資する人事評価制度・賃金制度を整備する）／人材確保等支援助成金＜設備改善等支援コース＞（生産性向上に資する設備等を導入することにより、雇用管理改善（賃金アップ等）と生産性向上を図る企業を支援する）／65歳超雇用推進助成金＜65歳超継続雇用促進コース＞（65歳以上への定年引上げ等を実施する）／キャリアアップ助成金＜正社員化コース＞（有期契約労働者等を正規雇用等に転換する）

- **仕事と家庭の両立に取り組む場合の助成金**
  両立支援等助成金＜出生時両立支援コース＞（男性の育児休業等取得推進に取り組む）／両立支援等助成金＜介護離職防止支援コース＞（仕事と介護の両立支援に取り組む）／両立支援等助成金＜育児休業等支援コース＞（労働者の円滑な育児休業取得・職場復帰に取り組む）／両立支援等助成金＜女性活躍加速化コース＞（女性が活躍しやすい職場環境を整備し目標を達成）

- **労働者の職業能力の向上を図る場合の助成金**
  人材開発支援助成金＜特定訓練コース＞（ＯＪＴとOff－ＪＴを組み合わせた訓練、若年者への訓練、労働生産性向上に資する訓練等を実施する）／人材開発支援助成金＜一般訓練コース＞（職務に関連した知識・技能を習得する訓練を実施）

（厚生労働省ホームページ「事業主の方のための雇用関係助成金」より抜粋）

69 人手不足にどう対応するか　〜女性活用編

 退職しなくてもいいように社会保障は充実化

　現在どこの企業も人手不足の状況が続いており、新規採用難の時代といえます。そこで、世代の偏りなく採用を継続していくことで、事業の継続を図っていくことになり、そのうえで若年労働者の採用に労力を割くことが多いといえるでしょう。

　一方で、男女雇用機会均等法や育児休業法、女性活躍推進法などにより女性の活躍の場は広がりつつあります。企業が女性のワークライフを考える際にも、結婚、妊娠、出産、育児それぞれのステージで家庭と仕事が両立できるように、国の制度も充実化が図られており、妊娠、出産の場合に退職しなくてもいいように、一定の社会保障制度が手当てされるようになっています。

　たとえば出産に関しては、**産前産後の健康保険からの3分の2の所得補償、出産費用の補助**、さらに育児休業の一定期間には約3分の2の所得補償が本人に対して給付されることになっています。

　また、産前から育児休業期間までの社会保険料は、**本人負担、事業主負担ともに免除**される制度も実施されており、出産期の女性活用にかかわる会社の費用負担は軽減が図られています。さらに、親等の介護に直面した労働者に対しても、**介護にかかわる所得補償制度**が段階的に充実化が図られてきました。

　企業側としても、こうした妊娠・出産期や介護に直面した女性労働者の雇用維持だけでなく、短時間勤務（もしくは短時間正社員）、限定正社員、テレワークなどの制度の見直し・導入によって雇用の幅を広げることで、家庭等の事情により潜在している有能な女性労働者の雇用を確保することを考えていくことが必要になってくるでしょう。

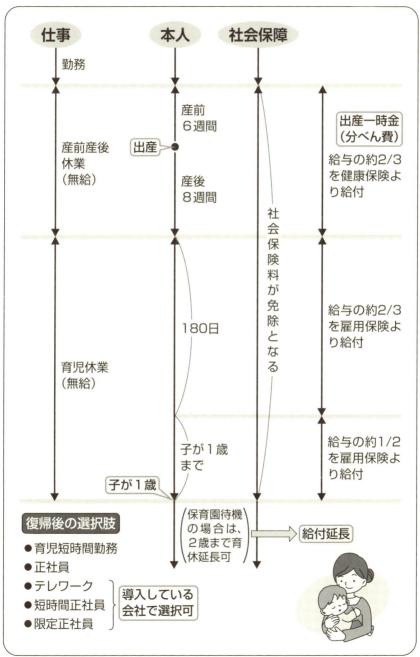

70 人手不足にどう対応するか
～外国人・高齢者・障害者活用編

 採用する際には法律の規定に要注意

　人手不足対策として、自社の職務内容に鑑み、**外国人を活用できるのか**検討するのも選択肢の1つでしょう。

　コンビニエンスストアなど小売販売の業界や飲食業界では、違和感を感じることがないほど外国人雇用が広がっています。外国人雇用の際の留意点として、就労ビザの確認があります（次ページ参照）。正社員や契約社員であれば就労できるビザを有しているか、インターン留学生や日本語学校に通うアルバイトの場合は、週の就労上限時間に制限があるので注意が必要です。また、健康保険や厚生年金保険の手続きは日本人と差異はありませんが、職安に対して外国人雇用に関する届出を個人ごとに行なわなければなりません。

　高齢者の雇用も選択肢の一つです。

　高年齢雇用安定法により65歳までの雇用義務が法制化され、さらに70歳までの現役就労が広がりつつあります。企業としても、シニア世代の活用により労働力を確保して、適材適所で有効活用を図っていかなければならないでしょう。60歳定年後は65歳まで嘱託として再雇用することが一般的ですが、65歳以降も継続雇用する場合には**無期転換の申込権**（有期雇用契約が5年を超えた場合）が発生するため、第二種計画認定の申請をしておくとよいでしょう。

　障害者雇用にも、企業は積極的に取り組まなければなりません。2018年9月現在、障害者の法定雇用率は一般の民間企業の場合、2.2％となっており、45.5人に1人は障害者を雇用しなければなりません。企業規模で100人以上になると、不足する人数1人に対して月4万円の国への納付金が必要となるので、人事労務の担当者としては意識しておかなければならない点です。

◎外国人が就労する際にビザが必要となる職種◎

外国人の就労が可能なビザ

- **高度専門職**（現行の外国人受入れの範囲内にある者で、高度な資質・能力を有すると認められるもの）
- **高度人材**（例：在留資格「特定活動（高度人材）」で在留する外国人の扶養を受ける配偶者および子など）
- **教授**（例：大学教授、准教授、講師など）
- **芸術**（例：作曲家、作詞家、画家、彫刻家、写真家など）
- **宗教**（例：僧侶、司教、宣教師等の宗教家など）
- **報道**（例：新聞記者、雑誌記者、編集者、アナウンサーなど）
- **経営・管理**（例：会社社長、役員など）
- **法律・会計業務**（例：日本の資格を有する弁護士、司法書士、公認会計士、税理士など）
- **医療**（例：日本の資格を有する医師、歯科医師、薬剤師、看護師など）
- **研究**（例：研究所等の研究員、調査員など）
- **教育**（例：小・中・高校の教員など）
- **技術・人文知識・国際業務**（例：理工系技術者、IT技術者、外国語教師、通訳、コピーライター、デザイナーなど）
- **企業内転勤**（例：同一企業の日本支店（本店）に転勤等）
- **介護**（例：介護福祉士の資格を有する介護士など）
- **興行**（例：演奏家、俳優、歌手、スポーツ選手、モデル等）
- **技能**（例：外国料理の調理師、パイロット、ソムリエなど）
- **外交、公用**
- **留学**（例：日本の学校等への留学生、日本語学校の学生等。原則不可だが、資格外活動許可により一定時間は就労可能）

特定ビザ （就労の職種、期間の制限なし）

- **日本人の配偶者等**（例：日本人の配偶者、日本人の実子）
- **永住者の配偶者**
- **定住者**（例：日系人、中国残留邦人の配偶者・子など）

一定条件のもとで就労可能

- **特定活動**（例：外交官等の家事使用人、ワーキングホリデー入国者、報酬を伴うインターンシップ、EPAにもとづく看護師、介護福祉士候補者など）

71 副業・兼業・テレワークの活用

副業・兼業は認められる方向に

　厚生労働省では、2017年3月に「働き方改革実行計画」を発表し、そのなかで**副業・兼業の普及促進を図る**ことをあげています。

　また、それを受けて2018年1月には、「副業・兼業の促進に関するガイドライン」を作成しています。これにより、厚労省が公表していた「モデル就業規則」においても、元来「許可なく他の会社等の業務に従事しないこと」と定められていた条項を削除し、副業・兼業についての規定を新設して公表しました。さまざまな働き方を認めていく方向性の一環ということでしょう。

　しかし、副業・兼業することにより、自社の職務に影響を及ぼすほどの過重労働となったり、情報漏えいの問題などもあります。

　副業・兼業を認める規定の導入を考えている企業は、次ページにあげたメリット、デメリットを考慮して慎重に検討を行なう必要があるでしょう。

テレワークも実現可能に

　「テレワーク」も企業にとっては、いままでの働き方のマインドを大きく変化させる働き方の一つといえます。総務省のホームページによれば、テレワークは「ICT（情報通信技術）を活用した、場所や時間にとらわれない柔軟な働き方」と定義づけています。

　雇用契約型テレワークの形態としては、主に次のようなものがあります。

- ●**在宅勤務**…自宅を就業場所として勤務するもの
- ●**モバイルワーク**…会社、事業所、自宅に依存せずにいつでも、どこでも仕事が可能な状態のもの（例：電車内、カフェ等）

◎副業・兼業のメリット・デメリット◎

メリット
- 労働者の新たな知識、技術や見識が広がり、主体的なキャリア形成に役立つ。
- 所得が増える
- 自社のよさを改めて理解することに役立つ
- 将来の独立、起業等に向け、小さなリスクで試行、経験できる

デメリット
- 二重勤務の雇用の場合は、過重労働となることがある
- 二重勤務の雇用の場合は、他社の勤務状況を常に把握する必要があり、管理が煩雑となる
- 職務専念、秘密保持、競業避止等の義務を怠る危険がある

◎テレワークのメリット・デメリット◎

メリット
- 育児、介護等と両立しながら自分の都合のいい時間に働くことが可能となる。
- 通勤のムダな時間、コスト、労力をなくすことができる
- 就職困難者（障害者、高齢者等）の就業機会が増える
- ワークライフバランスが実現できる
- 事業継続計画（BCP）対策にも役立つ

デメリット
- 情報漏えい、秘密漏えい、競業避止等の義務を怠るリスクがある
- 労働時間制度、裁量労働制度、フレックスタイム制度など、導入にあたり労働時間のルールを整備する必要がある

● 施設利用型…サテライトオフィス、テレワークセンターなど

なお、テレワークにおいても情報管理上のルールが課題となるので、明確なルールを決めたうえで導入すべきでしょう。

72 IT・AIの活用と人事制度

電子申請や業務効率化にITを活用

　人事労務分野でのIT活用の代表的なものとしては、社会保険、労働保険の手続きを「**電子申請**」することがあげられます。

　e-Gov（電子政府）を運営する政府も、電子申請の活用を積極的に推奨しており、大企業には行政手続きの電子申請を義務化する動きもみられます。登記所においても、会社代表者等に対して、オンラインによる電子証明書の申請・届出ができるようになっています。

　そのほか、**業務効率化を図るもの**として、スケジュール管理、電子会議室の利用、ファイル共有化、サーバーのクラウド管理などの業務効率化のための手段やツールが普及してきました。

　また、人事労務の部署には、社員間の交流を図る掲示板の活用、SNS利用によるイベント開催、社内報、その他さまざまな社員に対する積極的情報交換の「場」を用意する部署としての活躍が期待されます。

　これらのコミュニケーションメディアを活用して、社員のface to faceの交流につなげる役割として会社を活性化させることができれば、社員の帰属意識を高めることにもつながることでしょう。

採用から健康管理等までAIを活用

　AI活用の分野でも、さまざまな場面での活用が見込まれています。

　たとえば、応募者の情報収集、学生等が就職活動をする際の企業に対する質問をAI利用により回答をする、社員情報を収集し、性格、スキル、希望するキャリアプランなどからRPA（ロボットによる業務自動化）を通して適材適所への配置を提案するなど、すで

◎e-Govにより電子申請可能な主な手続き◎

社会保険関係の手続き

「健康保険・厚生年金保険被保険者報酬月額算定基礎届」
「健康保険・厚生年金保険被保険者報酬月額変更届」
「健康保険・厚生年金保険被保険者資格取得届」
「健康保険・厚生年金保険被保険者資格喪失届」
「健康保険被扶養者（異動）届」
「健康保険・厚生年金保険賞与支払届」
「国民年金第3号被保険者資格取得・種別変更・種別確認（3号該当）・資格喪失・死亡・氏名・生年月日・性別変更（訂正）・被扶養配偶者非該当届」
「健康保険・厚生年金保険被保険者生年月日訂正届」

労働保険関係の手続き

「雇用保険被保険者資格取得届」
「雇用保険被保険者資格喪失届」（離職票交付を伴うものを含む）
「雇用保険被保険者資格喪失届」提出後の離職票交付の申請
「雇用保険被保険者転勤届」
「雇用保険被保険者氏名変更届」
・雇用保険高年齢雇用継続給付の申請
・雇用保険の育児休業給付、介護休業給付の申請
・労働保険年度更新の申告

に実際に活用されているものもあり、今後もその活用は広範囲に及ぶものとなっていくでしょう。

　人事評価制度や健康管理、勤怠管理、社員研修、会議等におけるAIの活用により、いままで人事労務分野にとって大きな負担を強いられていた業務について、最新情報をキャッチアップしながら、業務改善を図っていくことが必要になるでしょう。

兼業を行なう際の「壁」

　厚生労働省では、さまざまな働き方の多様化を推進するため、兼業・副業を奨励するように方向転換しています（172ページ参照）。

　しかし、兼業には**「労働法の壁」**があり、実際のところ、そう簡単に、会社が兼業を認める方向に転換できるかは不透明な気がします。

　その「労働法の壁」とは、以下のようなことです。

　たとえば、労働基準法では、1日8時間労働を原則としています。これを超えた場合は、時間外労働として割増賃金を支払わなければなりません。

　仮に、早朝にコンビニエンスストアで2時間のアルバイトをしてから、出勤してきた社員がいた場合、自社で所定労働時間である8時間の勤務をした場合、どのようなことになるのでしょうか？

　この社員は、会社では通常どおり8時間勤務をしたにもかかわらず、労基法上の「1日8時間」という「人」に着目した規制枠を超えて働いてしまっています。つまり、アルバイトと合わせ1日10時間の労働をしてしまっているため、2時間の割増賃金を支払わなければならないのです。

　こんなことが起きてしまうことがわかると、会社としてはなかなか兼業を認めるわけにはいきません。

　それ以外にも、会社は、過重労働とならないよう健康に配慮する安全配慮義務に気をつけなければなりませんし、機密情報の漏えいを防止する措置もとらなければなりません。

　現行の法規制のなかで、どれだけ会社が就業規則を変更して兼業を認めていくのかについては、まだまだ未知数だといえそうです。

さくいん

数字・英字

1年単位の変形労働時間制 ……… 35
1か月単位の変形労働時間制 ……… 34
36協定 ………………… 32、92、96

iDeCo（イデコ）……………… 70
IT関連研修 ……………………… 107
OJT ……………………………… 104
Off-JT …………………………… 104
SNS対策 ………………………… 140

あ

アニバーサリー休暇 …………… 132
アルバイト ……………………… 25
安全衛生管理体制 ……………… 116
安全管理者 ……………………… 116
安全配慮義務 …………………… 128

育児休業給付 …………………… 63
遺族年金 ………………………… 57
一斉付与 ………………………… 31
一般財形貯蓄 …………………… 126
一般受給資格者 ………………… 60
インターンシップ制度 ………… 22

衛生管理者 ……………………… 116
エゴサーチ採用 ………………… 19

か

解雇 …………………… 40、118、119
介護休業給付 …………………… 63
解雇権濫用法理 ………………… 41

解約権留保付き労働契約 ……… 29
解雇予告手当 …………………… 40
確定給付企業年金 ……………… 122
確定拠出企業年金 ……………… 122
カフェテリアプラン …………… 124
歓送迎会 ………………………… 131
管理監督者 ……………………… 114
管理職 …………………………… 114
管理職研修 ……………………… 106

基礎年金番号 …………………… 54
基本手当 ………………………… 60
キャリアアップ助成金 ………… 166
休暇 ……………………………… 132
休憩時間 ………………………… 33
休日 ……………………………… 33
休日労働 ………………………… 39
求職者給付 ……………………… 60
休職制度 ………………………… 86
求人 ……………………………… 12
求人申込書 ……………………… 15
給付基礎日額 …………………… 60
給与規程 ………………………… 88
給与計算 ………………………… 72
給与支払報告書 ………………… 80
給与所得 ………………………… 78
給与所得の源泉徴収税額表 …… 78
協会けんぽ ……………………… 44
共済型退職金制度 ……………… 123
協定控除 ………………………… 82
業務起因性 ……………………… 64
業務災害 ………………………… 64
業務遂行性 ……………………… 64

177

勤怠情報	74	財形貯蓄	126
勤務間インターバル制度	158	財形年金貯蓄	126
勤労者財産形成貯蓄	126	在職老齢年金の支給停止	55
		採用	18
組合健保	44	採用通知	26
		採用内定	20
計画的付与	31	産業医	116、134
契約社員	24	算定基礎届	51
月額変更届	51		
兼業	120、172、176	時間外労働	38
健康管理	128	時間外労働・休日労働に関する協定届	92
健康経営	129		
健康保険	44	時間外労働の上限規制	150
健康保険からの給付金	48	始期付・解約権留保付労働契約	20
研修制度	104	時季変更権	30
限定正社員	25	事業所登録シート	14
		辞職	119
コアタイム	35	自然退職	119
合意退職	119	失業保険	58、60
高額療養費	48	社員研修	106
後期高齢者医療制度	45	社員旅行	130
厚生年金保険	52	社会保険	46
公的医療保険制度	44	社会保険料	50、76
高度プロフェッショナル制度	160	就業規則	28、84
高年齢雇用継続給付	62	住民税	80
国民健康保険	45	出産育児一時金	49
国民年金保険	52	出産手当金	49
個人型確定拠出年金	53、70	情意評価	100
個人識別符号	136	障害年金	57
個人情報	136	試用期間	29
個人年金保険	53	傷病手当金	48
雇用継続給付	62	情報セキュリティポリシー	140
雇用形態	24	嘱託社員	24
雇用保険	58	職務権限規程	103
コンプライアンス研修	107	助成金制度	166
		所定外時間外労働	39
さ		所定休日	33
財形住宅貯蓄	126	所定給付日数	60

所定労働時間	32
所得税	78
人事評価	108
人事評価研修	106
人事評価制度	98
新入社員研修	106
深夜労働	39
随時改定	51
ストレスチェック	128
正社員	24
成績評価	100
整理解雇	41
セクシャルハラスメント(セクハラ)	144
絶対的必要記載事項	84
専門業務型裁量労働制	36
総括安全衛生管理者	116
相対的必要記載事項	84
総報酬	76

た

待期期間	49
退職	118
退職一時金制度	122
退職金制度	122
代替休暇	155
懲戒解雇	41
賃金	77
賃金規程	88
賃金控除に関する協定書	82
通勤災害	64
通勤時間	33
通勤手当	78

定期健康診断	128
定時決定	51
適性検査	18
手待ち時間	33
テレワーク	172
電子申請	174
同一労働・同一賃金	156
当然退職	119
特定求職者雇用開発助成金	166
特定受給資格者	60
特定退職金共済	123
特定理由離職者	60
特別休暇	133
特別条項付き36協定	93、96
特別徴収	81

な

内定	20
内定通知	26
内定取消し	20
名ばかり管理職	114
任意記載事項	84
認証マーク	164
ねんきん定期便	54
年金手帳	54
年次有給休暇	30、162
年次有給休暇の取得義務化	152
年末調整	79
能力評価	100
ノーワーク・ノーペイの原則	87

は

パートタイマー	25
派遣労働者	25

働き方改革関連法 148
ハラスメント研修 107
ハローワーク求人 14
パワーハラスメント（パワハラ） 142

非課税所得 78
筆記試験 18
被扶養者 47
被保険者 46
標準賞与額 55、76
標準報酬月額 50

副業 120、172
服務規律 84
普通解雇 41
普通徴収 81
フレックスタイム制 35、161

平均賃金 40
変形労働時間制 34

報酬 50、76
法定外休暇 132
法定外時間外労働 39
法定休暇 132
法定休日 33
法定控除 82
法定労働時間 32
保養施設 124

ま

埋葬料（費） 49
マイナンバー 54、138
マタニティハラスメント（マタハラ） 144

みなし労働時間 36
未払い残業代 112
未払い賃金 112

無期転換ルール 42

面接 16

目標管理制度 100

ら

離職証明書 59
離職票 59
リフレッシュ休暇 133
療養費 48

労災かくし 68
労災保険 64
労災保険からの給付金 66
労使協定 94
労働基準法 28
労働契約 28
労働契約書 28
労働契約法 28
労働時間 32、110
労働者災害補償保険 64
労働者死傷病報告 68
労働条件通知書 28
老齢年金 56

わ

割増賃金 38

おわりに

　人事・労務のしごとでは、関係する行政窓口が多岐にわたります。
　たとえば、社員の入社・退社の手続きでは、「健康保険」「厚生年金保険」「雇用保険」「労災保険」が常にからみますが、これと連動して「協会けんぽや健康保険組合」「年金事務所」「ハローワーク」「労働基準監督署」と４つの公的機関が窓口となります。
　そんな一つひとつの手続きを確実に進めていくためには、正確な知識を身につけておくことはもちろん、これらの窓口に対して常に確認を怠らないことが重要です。
　そこで、これらの情報について調べる際のサイト名を以下にまとめて紹介しておきます。
　これらのサイトで**最寄りの役所等の問い合わせ先**も知ることができます。

- 「雇用保険」「求職」「助成金」について…
　　　　　　　　　　　　「**ハローワークインターネットサービス**」
- 「健康保険」について
　　協会けんぽ加入の場合……「**全国健康保険協会（協会けんぽ）**」
　　健康保険組合加入の場合……………………「**○○健康保険組合**」
- 「年金制度」について……………………………………「**日本年金機構**」
- 「企業年金」について……………………………「**企業年金連合会**」
- 「所得税」について………………国税庁の「**タックスアンサー**」
- 「国民健康保険」「住民税」について…
　　　　　　　　　　　　　　居住する「**○○市（区町村）役所**」
- 「労働条件・労災保険」について……「**労働基準行政の相談窓口**」
- 「個人情報」について……………………「**個人情報保護委員会**」

【監修・執筆】

土屋信彦（つちや　のぶひこ）

アイ社会保険労務士法人代表。埼玉県川口市出身。特定社会保険労務士、ＩＰＯ・内部統制実務士。國學院大學法学部卒業。東京都墨田区の谷口労務管理事務所谷口公次先生に９年間師事し、1996年、土屋社会保険労務士事務所として独立開業し、その後、事務所を法人化、現在に至る。埼玉県社会保険労務士会理事、同川口支部副支部長を歴任。得意分野はＩＰＯやＭ＆Ａにかかわる労務監査や就業規則整備。著書（共著を含む）に、『会社を辞めるときの手続き㊙ガイド』『定年前後の知らなきゃ損する手続き㊙ガイド』『労働時間を適正に削減する法』『健康保険の実務と手続き　最強ガイド』（以上、アニモ出版）、『企業実務に即したモデル社内規程と運用ポイント』（労働新聞社）など多数あるほか、ＴＶＫ「アクセスＮＯＷ」にＴＶ出演。労働局、商工会、税理士会、金融機関、各種業界セミナー講師多数。

【執　筆】

村松燎（むらまつ　りょう）

埼玉県出身。早稲田大学卒業。2015年、大学卒業後、ラジオ番組・イベント制作会社に就職。いわゆる"ギョーカイジン"になったものの過酷な労働環境に疑問をもち、社会保険労務士をめざす。2016年、アイ社会保険労務士法人入職。現在、資格取得に向け勉強中。

山本かおり（やまもと　かおり）

埼玉県出身。青春時代は大阪で過ごす。2004年、土屋社会保険労務士事務所に入職。お客様と同じ目線で話し合える関係を築けるように労務相談に重きをおいて職務に従事。手続き業務、就業規則等作成、助成金の代行業務、給与計算など全般的に行なう。

高田谷大輔（たかたや　だいすけ）

高知県出身。中央大学卒業。2012年、社会保険労務士試験合格。証券会社勤務を経て、2013年、土屋社会保険労務士事務所に入職。主に顧問先の手続き業務や労務相談に従事し、要望にきめ細やかに対応するとともに、積極的に助成金情報の提供や申請、就業規則等作成（改定）に取り組む。

アイ社会保険労務士法人

土屋社会保険労務士事務所から2013年9月に法人化し設立。個人事務所開業以来20数年スタッフの退職者がなく、実務に精通したベテランスタッフが多い。拠点は埼玉県川口市だが、近隣顧客だけでなく、都内のクライアントや上場会社、上場準備会社も多いのが特徴。「まずは自ら手本となってやってみよう」というコンセプトのもと、社員のモチベーション、円満な労使関係について顧客に寄り添った提案を心がけている。そのため、法人自ら労使コミュニケーションを重要視し、長期にわたって所内勉強会、月例食事会や個人面談飲食会を継続し、また、スタッフ全員のスキルアップを常に図っている。提案型・情報提供型社労士事務所を標榜し、顧客への定期訪問時に法改正・助成金・賃金・労務トレンド等の情報を積極的に提供している。埼玉県の社会保険労務士事務所で初めてプライバシーマークを取得する等、セキュリティも万全な体制を整備している。2018年4月より「埼玉・働き方改革推進支援センター」の常駐相談員を当法人スタッフが任され、運営している。

〒333-0811　埼玉県川口市戸塚2-18-18　厚川ビル205
Ｕ Ｒ Ｌ　http://www.consul-srt.com/

人事・労務のしごと　いちばん最初に読む本
2018年11月15日　初版発行

著　者　アイ社会保険労務士法人
監修者　土屋信彦
発行者　吉溪慎太郎
発行所　株式会社アニモ出版
　　　　〒162-0832　東京都新宿区岩戸町12　レベッカビル
　　　　TEL 03(5206)8505　FAX 03(6265)0130
　　　　http://www.animo-pub.co.jp/

©AI Labor Consultant Office 2018　ISBN978-4-89795-219-2
印刷：文昇堂／製本：誠製本　Printed in Japan

落丁・乱丁本は、小社送料負担にてお取り替えいたします。
本書の内容についてのお問い合わせは、書面かFAXにてお願いいたします。

すぐに役立つ アニモ出版 実務書・実用書

最適な労働時間の
　管理方法がわかるチェックリスト

濱田 京子 著　定価 本体1800円（税別）

あなたの会社の"働き方改革"を実現するために、いますぐ役に立つハンドブック。会社の実態に合った最適の管理方法が見つかり、運用のしかたや留意点がやさしく理解できます。

管理職になるとき
これだけは知っておきたい労務管理

佐藤 広一 著　定価 本体1800円（税別）

労働法の基礎知識や労働時間のマネジメント、ハラスメント対策から、日常よく発生する困ったケースの解決法まで、図解でやさしく理解できる本。働き方改革も織り込んだ決定版。

健康保険の実務と手続き
　　　　　　　　最強ガイド

アイ社会保険労務士法人 著　定価 本体2200円（税別）

公的医療保険制度のしくみや保険料徴収などの実務ポイントから、届出書・申請書の書き方・手続きのしかたまで、初めての人でも、図解と書式でやさしくわかる実践的ハンドブック。

会社を辞めるときの
　　　　　　手続き㊍ガイド

土屋 信彦 著　定価 本体1500円（税別）

自己都合、定年、病気、出産・育児、リストラ、解雇…あらゆるケースに対応した、健康保険、雇用保険から年金、税金まで、退職・転職の際のトクするやり方がズバリわかる本！

定価には消費税が加算されます。定価変更の場合はご了承ください。